# 개 혁
# 신 학 과 역 사
# REFORMATION: THEOLOGY AND HISTORY

황 동 수 저

HITECH ENGINEERING, P.C.

Hitech Engineering, P.C.
69-49 185th Street
Fresh Meadows, NY 11365
2021

dswhang@gmail.com

표지사진: https://en.wikipedia.org/wiki/Reformation_Wall, retrieved 2/25/2021.

# 권두언

**권진태 박사**(Boston 한인감리교회 창설 및 은퇴목사 · 보스톤 신학대학원, Gordon-Conwell 신학대학원 교수; 러시아 감리교 신학대학원 강사 역임 · 미주 한인감리교 연합회 총회장 역임)

과학자의 생애가 신학자로 헌신하심을 축하드립니다.

필자 황동수 박사는 과학자입니다. 연세대학교에서 학사와 석사학위를 받고 일찍이 미국에 유학하여 명문 대학원을 거치면서 체계적인 학문의 길을 걸었습니다. 학창시절이 인생의 제 1기(一期)라고 보면 이 학문을 사회 전문분야에서 연구하고 활용하는 직업전선은 제 2기(二期)라고 보겠습니다. 우리 인생의 후반기는 은퇴생활인데 제 3기라고 볼 수 있겠죠. 은퇴하면 조용히 후반기를 보내겠지요. 내가 축하의 글을 쓰고 싶은 것은 은퇴와 동시에 과학자인 황박사는 은퇴를 거부하고 전혀 다른 학문의 영역인 신학의 길을 열었다는데 있습니다. 그는 그의 신학박사 논문에서 누누히 신학을 공부하게 된 것은 하나님의 은혜라고 고백합니다.

화학공학 영역의 일부분인 공해(公害 · Pollution Control)에서 황박사는 선구자요 개척자라고 말하고 싶습니다. 공해에 관계되는 정부의 법규와 규제등의 복잡한 문제를 공학적으로 합당하게 풀어 가면서 오염된 환경 정화에 조언하며 해결하는 멘터의 역활을 했습니다. 이와 같은 광범위하고 복잡한 문제를 체계적으로 연구하고 운영하기 위해 주 환경청의 특별한 허가를 받아 학원을 설립하여 강의를 하면서 이 분야에 관한 여러권의 저술을 했고 『소기업 경제』라는 칼럼집을 출판하기도 했습니다. 사회참여와 봉사의 일환으로 한국 사회의 단합과 발전을 위하여 뉴저지 한인회장과 이사장으로 활동했습니다. 재미한인 과학자협회의 뉴저지 지부장으로도 봉사했고 교회를 받들고 신앙생활을 하면서 북한 선교에 관심을 갖고 북한을 다녀오기도 했습니다.

이 축하의 글을 쓰면서 두 사람이 생각납니다. 한 분은 뮬더(Walter Muelder) 박사이고 또 한 사람은 화가인 가구인 (Paul Gauguin; 1848 - 1903)입니다. 폴 가구인은 후기 인상파 불란서 화가인데 남 태평양의 외진 섬에서 그린 작품을 많이 남겼습니다. 가구인의 작품가운데 인간 실존에 관한 깊은 진리가 담긴 그림이 있습니다. 그 제목이 Where Did We Come From, What Are We, What Are We Doing? Where Are We Going? 입니다. 우리는 어디에서 왔는가? 우리의 존재는 무었이며, 무엇을 하다가 어디로 가고 있느냐? 여인이 물동이를 머리에 이고 멀리 가는 뒷 모습을 그린 명화입니다. 뮬더 박사는 본인의 스승으로 보스톤대학교 신학대학원에서 30여년간 학장으로 봉사하고 은퇴했습니다. 이 분의 명망이 높은 이유는 학장으로 재직하는 동안 3,000명이 넘는 졸업생들을 배출하는 가운데 마틴 루터 킹같은 목사가 있었고 한국에는 연세대 총장을 지낸 박대선 박사와 같은 많은 학자와 목사들이 있습니다. 한번은 뮬더 박사가 자기가 쓴 책에 대하여 서평을 쓰라고 원고를 주었는데 지금도 기억에 남는 한 줄은 “내세는 과학으로는 증명할 수 없으나, 그러나 내세는 과학자들의 끊임없는 질문이고 최종적인 문제이다"는 것입니다. 나는 황동수 박사가 일생을 기독교 신앙으로 살았으나 많은 지성인들이 가지고 있는 위와 같은 질문에 고민하고, 폴 가구인의 작품이 보여주는 인간실존—궁극적인 질문의 기로—에 접어들어 어려운 신학을 공부했다고 봅니다. "우리는 어디에서 왔다가 무었을 하다가 어디로 가고 있느냐?"하는 인생행로를 걷고 있다고 해석하고 싶습니다.

그의 일생이 학창시절인 제 1기와 배운 학문을 이용하고 활동하던 제 2기의 세상 생애는 잘 마무리했다고 봅니다. 은퇴기간인 제 3기를 황박사는 하나님께 바치면서 지나고 있습니다. 하나님이 예정하셔서 헌신하도록 부르신 부르심에 순종했다고 봅니다. 신학의 길을 걸으면서 목사 안수를 받고 성직자로서의 특별한 탈렌트를 주시고 중세사를 연구하고 탐구하도록 안목과 영감을 주셨습니다. 온 열정 다하여 교회사 가운데서도 암흑기라고 부르는 중세교회사 1,000년의 말기인 종교개혁 부분을 연구하여 "신학과 역사"라는 내용의 박사 논문을 마무리했습니다. 저자는 중세사 후반에 해당하는 종교개혁사를 교회만의 범위로 정하지 않고 로마 카톨릭 교회가 속한 국가와 정치, 사회 전반에 끼친 영향과 그 관계를 보면서 종교개혁이 발생하도록 한 원인과 공과를 탐구했습니다.

더 나아가 저자는 종교 개혁사에서 신학과 역사의 관계를 설정하면서 종교개혁의 시대상이나 교회가 부패하는 상황이 오늘날의 교회모습을 떠 올리게 한다고 보고 있습니다. 특히 지금의 한국교회가 종교개혁 시대와 비교된다고 해석하고 있습니다.

저자가 은퇴와 더불어 신학의 길을 가게된 데에는 황박사의 가문을 생각하지 않을 수 없습니다. 그 가정은 한국교회 초기에 기독교 복음을 받아 들여 신앙생활을 하는 초대교회 교인입니다. 이 복음을 선조로 부터 이어 받고 이 신앙을 대대의 유산으로 이어 가는 신앙가정입니다. 형제들과 자녀들까지 교회를 봉사하는 가정에서 저자는 세상사를 끝마치고 유독히 성직자의 길을 걸으면서 신학자가 되었습니다.

이와 같은 가문에서 은퇴와 더불어 후반기 생을 허송세월하지 않고 궁극적인 목적에 응답하는 그리스도의 제자의 길을 수고하며 걷고 있다고 봅니다, 저자는 본인의 소개 마지막에 "이 글은 나의 신앙고백"이라고 마무리를 하고 있습니다. 마틴 루터나 칼빈 그리고 그 외의 종교개혁에 관계한 많은 성직자, 신학자들의 일은 목숨을 건 결단이었는데 성서에 어긋난 교회 교리나 구조를 따르기 보다는 의인은 믿음으로 산다는 신앙이 절대적이 되는 그 개혁자들의 정신을 저자도 따랐다고 봅니다. 황박사의 글을 읽으면서 21세기를 시작하는 시점에서 저자가 늦게 시작한 개혁신학에 몸을 던져 역작을 남기게 됨을 감사했습니다. 간단명확하며 체계적인 이 논문이 교회 목회자들, 신학생들, 그리고 평신도들이 읽으면 자기 성찰이 되겠다고 생각하여 감히 모든 분들에게 추천하는 바입니다.

# 추 천 서

**퀸즈장로교회 김성국 목사**
(목회학 박사 · 동부개혁장로회 신학교학장, 미주크리스천신문사 사장)

역사는 무수한 상황과 사건의 이야기를 담고 시간 속에서 이어져 갑니다. 역사는 스스로를 밝힐 힘이 없습니다. 역사 속의 등불은 신학입니다. 신학이 그 빛을 드러내지 않는다면 교회는 역사의 소용돌이 속에서 세상과 함께 헤맬 것입니다. 이런 면에서 황동수 목사님의 박사 학위 논문 제목 "개혁: 신학과 역사"는 의미심장하며 실제 그 내용은 논문의 제목을 충실히 담고 있습니다.

논문은 중세 시대 이후에 전개되는 복잡한 세상과 교회의 역사 가운데 신학마저 표류하지 않고 있음을 보여 주고 있습니다. 저자는 그 시대를 "종교개혁" 이라는 단어가 아닌 "개혁"이라는 관점으로 정리하였습니다. 이러한 정리는 그 시대에 대해 새롭고 폭 넓은 사고를 하는데 기여하고 있습니다. 이러한 관점은 중세 시대의 신학이 그 시간에만 머무르지 않아야함을 역설하고 있습니다. 그래서 믿음으로 의로워진다는 종교 개혁의 핵심 교리를 “루터의 복음” 이라는 표현이 아닌 “예수 그리스도의 복음”이라는 표현이 옳다고 주장합니다. 더 나아가 저자는 중세 시대의 개혁신학이 오늘의 모든 교회에도 유효하게 적용되고 있음을 보여주고 있습니다. 교회가 바르고 든든한 개혁신학을 갖지 않으면 세상은 말할 것도 없고 성도들도 한 없이 흔들릴 것입니다.

다양한 역사의 현장을 경험한 저자는 본 논문을 통해 많은 열매를 보여 줍니다. 저자는 개혁신학에 대한 자신의 깊은 자부심을 표현하고 있습니다. 그리고 개혁신학의 근원을 살피고, 현재의 과제에 고민하고 있으며, 개혁신학의 미래에 대한 엄중한 책임감을 절감하고 있음을 보여 줍니다. 심혈을 기울인 본 논문이 지금의 역사와 앞으로의 역사 가운데서 아름답고 장엄한 그리고 결코 멈출 수 없는 개혁을 잘 섬길 수 있기를 기원합니다.

# 추 천 사

**부크클린 제일교회 이윤석 목사**
(목회학 박사 · 뉴저지 총신대학교 선교대학원 교수이며 뉴욕총신대학교 신학대학원 교수 역임)

이 책은 좋은 교회사 서적이 갖춰야 할 미덕을 두루 갖추고 있다고 할 수 있습니다. 저는 목회학박사 과정에서 청교도 신학을 가르치는 중에 황 박사님을 만났습니다. 그때 그의 질문과 함께 나누었던 대화가 바로 청교도 신학을 낳은 종교개혁에 대한 것이었습니다. 신학과 교회사에 대한 끊임없는 학구열을 가진 저자가 드디어 종교 개혁사의 진수를 우리에게 선물했습니다.

첫째, 이 책은 종교개혁 당시 교회의 상황을 사회, 정치, 문화, 지리적 배경을 통해 간단하고 친절하게 안내하고 있습니다. 이러한 설명들은 자칫 너무 복잡하여 지루하게 만들거나 길을 잃게 만들 수 있지만 이 책은 복잡한 당시의 상황을 보다 친근하게 다가갈 수 있게 쓰고 있습니다.

둘째, 이 책은 일반 역사와 교회사의 연결지점들을 명확하게 설명하고 있습니다. 또한 16-17세기 교회의 일반 성도들의 삶과 신앙의 모습을 묘사함으로 우리의 이해를 용이하게 하고 있습니다.

셋째, 이 책은 당시 교회 개혁의 모습을 단호하게 다루는 장점이 있지만, 이 책을 읽을 때면 오늘날 우리 기독교가 정말 어떤 점에서 개혁해야 하는지를 진단하며 읽을 수가 있습니다.

넷째, 이 책은 종교개혁 당시의 중요한 인물들을 잘 설명하고 있습니다. 특히 그들이 어떤 신앙 배경을 가졌는지 설명하고 그들의 주요 사상과 주장을 잘 제시해 줍니다. 그렇게 함으로써 독자들은 당시의 인물들의 심정을 공유하게 합니다.

다섯째, 이 책은 종교 개혁사의 의의와 핵심 사항을 잘 정리해 줍니다. 그래서 쉽게 읽으면서도 핵심 사항을 습득할 수 있다는 장점을 가지고 있습니다. 또한 왜 우리가 종교 개혁사를 읽는 것이 필요한지를 깨닫게 합니다.

여섯째, 이 책은 교회사의 발전과 퇴보, 진전과 정체의 흐름을 설명하고 있습니다. 교회는 개혁되었지만(ecclesia reformata, the church reformed) 종교개혁은 언제나 현재 진행형(semper reformanda, always reforming)일 수밖에 없습니다. 이런 면에서 이 책은 종교개혁 당시의 상황을 오늘에 대입하여 읽을 수 있습니다.

일곱째, 가장 큰 장점은 독자들로 하여금 수동적으로 책을 읽기보다 적극적으로 책 속에 몰입되게 한다는 것입니다. 좋은 교회사 책은 우리를 그 시대와 대화하도록 이끌어 주는 책인데 이 책이 바로 그런 책 중의 하나입니다. 그 시대의 고민이 바로 우리의 고민이 되게 하여, 그에 대한 해결책을 찾아보게 만듭니다.

이 책의 전체적인 흐름은 중세 교회로부터 개혁될 수 밖에 없는 필연성을 가지고 그 흐름을 관조하고 있습니다. 루터의 개혁운동을 읽을 때면 한편의 감동적인 영화를 보는 듯한 느낌이었습니다. 저자는 개혁신앙의 핵심을 놓치지 않고 기술하되 스위스와 영국과 스코틀랜드를 골고루 다루면서 광의적 개혁신앙을 접하게 하고 있습니다. 무엇보다 칼빈의 기독교 강요에 대한 개정판들을 자세히 다룸으로 개혁신학의 확장을 위한 비교와 분석에도 도움을 제공하고 있습니다. 각각의 특색 있는 16명의 개혁자들을 다루는 인물전도 흥미롭게 읽을 수 있습니다.

저자는 계속되는 개혁의 과정을 제시하며 우리 자신의 개혁신앙과 신학의 현주소를 점검하게 하는 탁월한 역할을 감당하고 있습니다. 이 책을 읽는 사람들은 종교 개혁사가 단순한 지식으로 흐르지 않고, 우리의 삶을 변화시키는 하나의 원동력이 될 수 있음을 느낄 것입니다. 저는 이 책이 종교개혁사에 대한 풍성한 지식과 더불어 종교개혁의 유산을 자신의 것으로 삼고자 하는 열망으로 가득차게 해 줄 수 있다는 확신을 가지고 이 책을 추천합니다.

# 추 천 서

길릴리 선교교회 하경빈 목사
(목회학 박사 · 뉴욕 총신대학교 대학원 이사장 역임)

약 140년의 역사를 가진 오늘날의 한국교회는 수 많은 교파로 분렬되어 있습니다. 특히 장로교회는 개혁신학의 전통과 교회성이 있음에도 불수하고 카톨릭적 요소와 의식을 선별선호 인용하려는 경우가 있음을 보게됩니다. 개혁교회란 카톨릭의 부패와 잘못을 지적하고 시정을 촉구하는 교회로서 칼빈주의에 기초하여 교회의 역사와 뿌리 그리고 신학적 정통성을 가지고 개혁하는 교회입니다.

하나님은 우리 인간을 특별하게 그분의 형상을 좇아 창조하셨습니다. 그래서 우리에게는 다른 피조물과는 달리 과거, 즉 역사를 가지고 있습니다. 그리고 그 역사의 주인공은 예수이며 그분을 배움으로서 현재를 의미있고 책임있게 살아갈 수 있으며 우리의 미래 역시 예수안에서 소망할 수 있는 것입니다.

그런 면에서 "개혁: 신학과 역사"라는 책은 개혁교회가 어떻게 발전해 왔는가를 한 눈에 알아보기 쉽게 정리한 책으로서 예수를 올바로 배우며 진정한 개혁을 원하는 그리스도인들이 꼭 읽어야 할 책입니다.

특히 이 책의 저자인 황동수 박사는 공학도이며, 수필가이고, 또한 미국에 60년대에 유학을 와서 여러 방면으로 한국 이민 개척에 많은 도움을 주신 경험을 가지고 정리한 책이기에 더더욱 우리에게 가깝게 다가오는 책입니다.

이 책을 통해 하나님의 진리의 말씀이 성령 안에서 우리의 신앙의 인격을 성숙시켜서 예수 부활의 복음이 질서있고 품위있게 내 이웃과 한국 사회는 물론 미 전역에 능력있게 나타나기를 바랍니다.

# 추 천 서

김길홍 목사 (미국 장로교 은퇴목사
· 기독문학협회 설립 및 회장 역임
· 시인, 소설가, 칼람리스트)

인간 역사의 가장 고등 종교인 기독교의 역사인 성경해석의 변천사가 아닌 개혁사를 적라나하게 파헤친 귀한 책으로 특별히 기독교인은 물론 비 기독교인 까지도 한번 읽어 볼 좋은 저서이다. 특별히 신학을 공부하는 학생들에게는 기독교의 역사와 교리사를 이해하게 하는 시금석이 될 것으로 안다. 근대 신학의 아버지라 일컷는 칼 바르트(Karl Barth)의 언어를 빌리면 지금 여기(Now and Here)에서 하나님을 만나고 살아야 하는데 본서는 길잡이가 될 것이다. 뿐만 아니라 유대인 신학자 마틴 부버가 주장하는 객관의 하나님이 아닌 주관의 하나님, 즉 나와 너(Ich unt Du)로 안내해 만남(Encounter)를 유도해 준다.

저자 황동수 박사는 해박한 지식과 예리한 통찰력을 지녔다. 그는 과학자요, 신학자, 목사와 문인으로서 깊은 통찰력을 보인다. 이런 귀한 책이 나온 것은 우연이 아니요 하나님의 섭리와 인도하심이 계심을 믿으며 저자의 삶의 응답으로 여겨 감사할 뿐이다. 수고하신 저자에게 찬사를 보내며 저서를 통해 하나님의 은혜를 체험할 모든 분들에게도 기쁨이 함께 하시기를 기원한다.

메멘토 모디 (네가 죽은 것을 기억하라)

# 저자 소개

저자 황동수 박사는 원래 공해(公害)를 전공한 화학공학 박사이다. 연세대학교 화학공학과 (학사, 석사: 대학원 입학시험에서 전교 수석하여 수석 장학금을 받음), North Carolina State University (화학공학 석사), Texas Tech University (화학공학 박사), 리폼드총회신학대학원(목회학 석사), Newburgh Theological Seminary (신학 박사)에서 학위를 받았다.

New Jersey State환경청을 비롯하여 각종 연구소 및 전문기관에서 환경과 공학에 관하여 연구 및 자문하는 일을 했으며 미동부 여러 주의 전문 공학기술사 자격증 (Licensed Professional Engineer)과 석면 및 방화(放火)에 관계되는 여러 분야의 전문기술사 면허를 보유하고 있다. Hitech Engineering, PC®를 설립하여 엔지니어링 컨설탄트로 일하고 있으며 뉴욕 주 환경청의 특별 허가를 받아 세탁인들의 환경오염 방지를 위한 교육을 한다.

저자의 저서에 *Water Quality Management Basin Plan: Raritan River* (NJ State 환경청 및 대한민국 환경청 발행), *Certification Curriculum for Perchloroethylene Dry Cleaning Facilities* (NY State환경청 허가; Center for Environmental Technology 발행), 『미국의 대기오염 방지대책』(편저, 대한민국 환경청 발행),

『폐기물 처리기술』(편저, 대한민국 환경청 발행), 『드라이크리닝 시설의 운용 및 법규』, 『소기업 경제 칼럼집』 등이 있다. 『개혁:신학과 역사』는 본인의 신학박사(Doctor of Theology) 학위 논문을 한국말로 번역하면서 정리하고 보완한 것으로 신학생들과 평신도 및 불신자들을 위한 교양서로서 본인의 신앙고백이다.

미국월간지 『세탁정보』 발행인을 하였고 한국의 『월간 순수문학』에 수필부문 신인상으로 등단하였으며 New Jersey State 한인회 이사장, 한인회장; 재미한인 과학기술자협회 New Jersey 지부장을 역임하였다. 한국 환경청장의 초청으로 재외환경과학자 초청 특별환경교육에 참여하여 감사패를 받았고 미국의 여러 한인세탁협회의 기술고문으로 일하여 10여회의 감사패를 받았다.

미국에 오기 전 서울에서 승동(勝洞)교회의 고등부 지도 선생을 하였으며 대한예수교장로회(합동) 해외총회 뉴욕노회로 부터 목사 안수를 받았다.

# 차례

# 제 1 장

①

① 최후의 만찬
https://en.wikipedia.org/wiki/Last_Supper. 5/2/2021 검색

## 서론

알라바마에 있는 샘포드 대학교(Samford University)의 비손 신학대학(Beeson Divinity School) 학장인 티모디 조지(Timothy George) 박사가 주도한 DVD영상물인 *History of Christianity* (『교회사』)를 우연히 본 것은 하나님의 축복이었다. 이 영화는 매우 교육적이고 흥미로워 교회 역사에 대한 필자의 관심을 자극하였다. "오늘날 학계의 어느 누구도 『개혁 신학』이라는 주제로 책을 쓸 만큼 대담하지 않을 것입니다"라고 조지 박사는 그의 저서인 Theology of the Reformers(『개혁자의 신학』)에서 말한다.[1] 조지 박사의 저서는 필자에게 기독교 역사에 관심을 갖게 한 촉진제로 필자는 조지 박사의 도전을 받아 들여 인디아나(Indiana)의 뉴버그(Newburgh) 신학교에서 종교 개혁에 관한 신학 박사 학위 논문을 쓰게 되었고 이를 한국어로 번역, 보완하여 이 책을 쓰게 되었다. 필자가 배운 것을 천성을 향해 가는 성도들과 함께 나누며, 신앙 고백으로서 이다.

"…오직 의인은 믿음으로 말미암아(롬 1:17)[2]…"—"Sola fide!" ("오직 믿음만으로")—라고 루터는 외쳤을 수도 있었을 것이다. 로마서는 루터가 하나님의 사랑을 이해하는데 돌파구가 되었으며

---

1) Timothy George, E. *Theology of the Reformers* (Nashville, TN : B &H Publishing Group, 2013), 1 쪽.

2) 필자가 명확하게 언급한 경우를 제외하고는 이 저술에서는 모든 성경의 인용은 New International Version of the Bible의 한글 역을 사용하였다.

하나님의 은혜에 대한 그의 이해를 새롭게 했다. 구원은 행함이 아닌 믿음에서 오는 하나님의 선물인 것을 새롭게 느끼게 된것이다. 루터는 하나님의 은혜에 대한 이해를 로마서에서 찾았다. 이와 같은 성경에 대한 그의 새로운 이해는 단순하고 직설적으로 보이지만 개혁신학의 깊은 신조가 되었으며 기초가 된다.

종교 개혁은 인류 역사에 막대한 변혁을 일으킨 사건이다. 종교적인 면에서는 물론이지만 사회와 정치, 경제 및 지성적인 면에서도 그렇다. 일부 신학자들은 종교개혁이라는 용어를 매우 특별한 의미로 정의하기도 한다. 그러나 본 저서에서는 일반적으로 이해되는 의미에서 개혁이라는 용어를 사용하기로 한다. 즉 16세기 루터로 기폭제가 된 로마 교회의 적폐를 청산하고 믿음을 새롭게 하는 것으로 정의한다. 본 저술의 목적상 필자는 종교개혁이라는 용어를 종교개혁에 대한 기본적이고 공통적인 서구의 기독교 개혁운동을 지칭하는 것으로 하여 앞으로의 기술을 전개 하고자 한다. 로마 카톨릭 교회에 대한 루터의 종교적 도전은 종교뿐만 아니라 정치와 사회 그리고 인간의 지성에 큰 변화를 일으킨 인류 역사의 대 전환점이었다. 그러므로 필자는 '종교 개혁'이라는 표현 보다는 '개혁'이 더 알맞는 표현이라고 생각한다.

루터는 중세 말기에 종교개혁의 원조 인물이라고 일반적으로 인식되고 있다. 그러나 현존하는 문헌을 폭 넓게 검토해 보면 종교개혁은 루터가 95개의 논제(論題)를 비텐베르그의 캐슬교회의 문에 못 박아 발표했다고 전해지는 1517년 10월 31일 보다 훨씬 이전에 시작되었음을 발견하게 된다. 루터는 그의 군주인 후레드리히의 도움과 대중의 지지를 받아 자신의 생명을 보호받는 하나님의 축복을 누렸으며 이로 인하여 그의 생명을 유지하며 개혁의 선두에 있을 수 있었다. 하나님은 이러한 특별 보호를 통해 루터가 활동할 수 있게 하셨고 축복하셨다.

중세 말엽에는 루터가 종교개혁을 주도하기에 가장 좋은 분위기가 형성되어 있었다. 사회의 분위기는 로마 카톨릭 교회의 구조적, 도덕적 결함에 대해 점점 더 깊은 변화를 인식하고 요구하고 있었으며 그 인식과 요구는 당시 카톨릭 교회와 사회의 저변에 널리 퍼져 있었다. 독일의 구텐베르그가 새로 개발한 인쇄기는 개혁의 진행 상황과 내용을 홍보하여 대중의 지지를 이끌어 내는 여론의 형성에 필수적인 역할을 했다. 현대 사회에서 여론이 사회를 이끌어 간다면 그러한 첫 번 째 시도가 루터 시대에 나타나 개혁을 하는데 좋은 분위기를 형성하였다는 것이다. 중세에는 당시 사회에서의 기근과 팬더믹으로 인하여 일반 대중은 무언가 새로운 것을 기대하고 있었지만 이로 인한 사회와 교회의 혼란스러운 분위기는 어떤 개혁을 이끌기에는 최악의 시기였다고 할 수도 있다. 콩코디아 신학교(Concordia Seminary)의 보드(Gerhard Bode) 교수는 당시 사회의 불안정성에 대해 "황제가 되기에도 좋은 시기가 아니었다."라고 논평했다. 이러한 사회적 상황은 개혁을 위한 좋은 분위기를 형성하면서도 실제의 성취는 어렵게 하고 있었다.

당시 독일의 찰스 V세는 19세의 어린 나이에 신성로마제국의 황제로 선출되면서 세계를 통합하여 자기의 손에 넣으려는 야망을 갖고 있었다. 그는 어렸을 때부터 황제로서의 교육을 받으면서 성장하였다. 세계를 제패하려는 그의 야망에 찬 교육은 종교의 단일화의 필요성을 느끼게 했다. 그런고로 그는 로마 카톨릭으로의 단일화를 우선순위로 잡고 통치했다. 물론 그는 신앙심이 깊은 카톨릭 신자이기도 했다. 황제가 된 후 그는 세계 최강의 군대를 통솔했지만 새로 생긴 신학교의 무명 교수였던 루터의 개혁 세력을 통제치 못하여 세계를 제패하려는 그의 꿈을 이루지 못하고 말년에는 황제의 자리에서 스스로 물러나 승려가 되어 조용한 일생을 마쳤다.

종교개혁이 언제 끝났는지에 대해서도 분명치 않다. 유럽의 30년 전쟁[3)]이 끝난 때인 1648년이라고 주장하는 학설이 있으나 단언하기 어렵다. 보기에 따라서는 아직 까지 개혁의 목표가 모두 충족되지 않은 것처럼 보일 수 있으며 개혁은 아직 “진행중”이라고 할 수 있다. 16세기 유럽의 상황과 미국, 아시아, 특히 한국을 비롯한 21세기 교회 사이에는 많은 유사점이 있음을 발견하게 된다. 필자는 본 저서에서 루터 이전의 사회적, 정치적, 교회적 배경을 간단히 설명하고 루터 당시의 개혁의 진행 상황을 설명하며 개혁기 이전의 선각자들과 개혁자들이 주장한 신학의

---

3) 30 년 전쟁은 1618 년부터 1648 년까지 중부 유럽에서 주로 벌어진 갈등이었다. 군사 및 민간인 사망자의 추정치는 질병이나 기아를 포함하여 450 만에서 800 만 명에 이른다. 독일의 일부 지역에서는 인구의 60 %가 사망 한 것으로 알려졌다. 20 세기 중반까지는 주로 독일 내전으로 여겨졌거나 유럽 종교 전쟁 --로마 캐톨릭 국가와 개신교 국가 사이-- 중 하나로 간주되었는데 그 후 광범위한 유럽 분쟁의 일부를 형성했다고 주장하는 견해가 역사가들에 의해 받아 들여지고 있다. 이것은 1648 년 Westphalia의 평화 조약으로 끝났다. 그 주요 조항은 스페인의 네덜란드 독립 확인과 오스트리아 합스부르크의 "독일 자유"수용을 포함했다. 합스부르크를 약화시키면서 프랑스와 스웨덴의 지위를 높여 유럽 대륙에 새로운 힘의 균형을 가져 왔으며 교황의 영향력도 약해 졌다.

내용을 총체적으로 기술하여 현세에서의 변화에 대한 요구가 신앙인들로 하여금 미래에 대한 교회의 방향을 다시 한 번 숙고하는데 일조하게 되기를 바란다. 교회는 항상 새로워져야 하는 것이 창조의 원칙인지 모른다.

필자는 본서의 제 2장에서 중세 시대의 교회의 상황을 로마 교회를 중심으로 하여 설명하였다. 다음 장인 3장에서는 루터의 95개 논제(論題)를 중심으로 로마 교황에 반하는 상황을 기술하였고 4장과 5장에서 개혁신학의 발전과 내용을 언급하였다. 그리고 제 6장에서 개혁에 공헌한 선지자들과 개혁자들의 전기를 간단히 소개하였다. 마지막으로 7장에서 필자가 늦게 시작한 현대 신학의 개혁 방안을 모색했다.

필자는 1972년 화학 공학에서 박사 학위를 받으면서 공학계에 입문하여 뉴저지 주와 뉴 욕 주 등 미 동부의 여러 주에서 기술사 면허(Professional Engineer)를 받으며 평생 공학에서 생활하여 왔다. 은퇴할 무렵에 신학에 관심을 갖고 공부하여 신학의 목회학 석사로 목사 안수를 받았고 계속 공부하게 되어 신학 박사 학위까지 받게 되었다. 본 저서는 본인의 신학 박사 (Doctor of Theology) 학위 논문을 한글로 번역하면서 일부 보완한 것으로 하나님께 드리는 신앙 고백이다. 특히 감사한 것은 신학 박사 학위를 위하여 논문을 준비하면서 필자는 더욱 깊은 창조의 은혜를 조금이나마 더 느낄 수 있었고 그 받은 은혜를 신앙의 선후배들과 나누고 싶은 마음이 생겨 이 글을 쓰게 되었으며 본인이 전문적으로 공부한 공학과 신학의 상호 관계를 생각해 보게 하기도 했다. 지구가 떠오르는 것을 보게 하시는 하나님의 은혜를 감사한다.

# 제 2 장

②

② 최후의 만찬이 건물이 St. Peter's Basilica로 이 성당을 짓기 위하여 면죄부를 판매하여 종교 개혁이 촉발되었다.

https://en.wikipedia.org/wiki/St._Peter%27s_Basilica. 5/2/2021 검색

## 중세시대의 교회

역사적으로 종교 개혁은 독일 비텐베르그(Wittenberg) 수도원의 수도사인 마틴 루터가 1517년 10월 비텐베르그의 캐슬 교회(Castle Church) 문에 95개의 논제 (論題 · Thesis)[4]를 계시하면서 시작되었다고 주장하는 학자들의 논리가 중심을 이룬다. 중세 후기가 끝나고 근대 초기가 시작될 무렵이었다. 종교개혁을 이해하기 위해서는 중세 시대 말기의 사회적 배경과 특히 종교적 배경을 이해하는 것이 필수적이다. 유럽의 중세 시대는 서구 로마 제국의 멸망과 1483년 마틴 루터의 탄생 사이의 중간 세기로 약 1,000년 사이의 기간을 말한다. 이 중세는 그 자체로 중세 초기(467 - 799), 중세 중기(800 - 1300) 및 중세 말기(1300 - 1499)의 세 시대로 나뉘어 진다. 본 장에서는 중세 말기를 중심으로 하여 당대의 교회 상황을 개혁과 관련하여 살펴 보고자 한다.

### 1 중세 시대

중세 시대 카톨릭 교회는 종교, 철학, 도덕, 정치, 예술 및 교육을 통제하면서 서구 세계를 지배하여 왔다. 중세 시대 교회의 두드러진 특징 중의 하나는 성직자와 평신도의 분명한 사회적 구별이 있었다는 것이었다. 유나이티드 신학교(United Theological

---

4) 한국의 일부 문서에 "항의문"이라고 번역되기도 하는데 항의문이 아니다. 당시 관례에 따라 공개 토론의 주제들을 성당 문을 공공 계시판으로 사용했는데 이러한 공개 토론의 주제였다. 당시 루터는 "개혁"을 할 의사가 전혀 없었으며 그의 의도는 교회의 나쁜 관행을 바로 잡기위한 것이었다.

Seminary)의 교회사 교수인 키스커(Scott Kisker) 박사에 의하면 상류 사회에 주교가 있었고 때로 이들은 군주였으며 교회를 통치했다. 예를 들면 교황은 교황의 관할 지역(Papal Sates)이 있어 왕의 역활을 겸했다. 귀족과 성직자의 사회 상위적 계급 구릅이 있었고 그 아래로 일반 대중 구릅이 있었던 것이다. 수도원의 승려들은 "일반 성직자"라고 불렸고 그들은 다른 사람들과는 분리된 공식적인 규칙에 따라 생활했다. 성직자들이 지금처럼 평신도들과 다른 특정한 제복을 입기 시작한 것은 서기 500년 부터이다. 개별 승려들은 가난하게 살았을지 모르지만 수도원은 매우 부유하고 강력한 영향력을 가진 기관이었다. 예를 들어 카톨릭 교회는 사람을 극형에 처할 능력이 있었으며 한 국가의 왕위까지 폐할 수 있었다. 그들은 영적, 경제적 영향력뿐만 아니라 세속적인 영향력도 가지고 있었던 것이다. 이 영향력을 이용하여 대중에게 미사를 제공하고 수입을 올리는 일이 관례였다. 평신도는 성직자들이 베푸는 미사를 위하여 헌금을 하므로 교회에 경제적 이점을 제공했다.

로마 카톨릭 교리에 따르면 천국으로 가지 못하는 죽은 자의 영혼은 천국으로 가기 전에 죄가 제거될 때까지 일시적으로 연옥에 머물러 있는다. 일반 회중은 죽은자의 연옥에서의 생활을 단축시키기 위하여 미사를 드렸고 이에 대하여 헌금을 했다. 사제들은 이러한 죽은 자들을 위하여 미사를 제공할 수 있는 권한을 가지고 있었고 이는 성직자들에게 경제적 이익을 제공했다. 비텐베르그에만 1519년에 9천 회의 미사가 있었다고 한다. 따라서 중세 경제의 중요한 한 부분이 유급 미사에 집중되어 있었다.

당시 정치적 배경을 보면 16세기 초 중세의 봉건주의에서 근대의 중앙집권적 왕정국가로 바뀌는 전환기에 있었으며 이러한 유럽 제국의 정치적 변화는 종교개혁의 발단과 진행에 밀접한 영향을 주었다. 중세 시대 유럽의 핵심 국가들에게는 다양한 정치적 변화가 있었다.

영국은 100년 전쟁(1339-1453)[5]과 장미 전쟁(1455-85)[6] 이후 헨리 7세(1485- 1509)의 왕조가 확립되었다. 100 년 전쟁을 통해서 영국이라는 의식이 강조되었고, 귀족들이 장미 전쟁을 통해 많이 죽음으로써 왕권이 강화 되고, 왕을 중심으로 하나의 단일한 국가가 되었으며 국왕은 교황청의 간섭을 막았다.

프랑스는 100년 전쟁 후 왕권이 강화되어 서부 유럽 중에서 가장 견고하게 중앙집권적 형태를 가진 나라로 부상하였다. 1309 년 부터 아비뇬에 있던 교황청이 로마로 옮겨 갔음에도 불구하고, 프랑스 왕은 여전히 자기 영토 내의 교회들을 관할하는 기득권을 잃지 않으려 하고 있었다.

독일은 실제적 군주 국가들이 난잡하게 뒤섞여 있었다. 합스부르그 왕가의 군주들은 여러 곳에서 실권을 잡은 통치자가 되

---

5) 100 년 전쟁은 1337 년부터 1453 사이, 116 년 동안 영국과 프랑스 사이의 간헐적인 투쟁이었다. 당시 프랑스는 서유럽에서 가장 부유하고 크고 인구가 많은 왕국이였고 영국은 가장 잘 조직되고 밀접하게 통합된 국가였다. 그들은 프랑스의 영국 영토 소유에 대한 분쟁과 프랑스 왕좌의 합법적인 승계를 포함한 일련의 문제로 갈등을 겪었다.

6) 장미 전쟁(The Wars of the Roses)은 영국 왕좌를 장악하기위한 내전으로 빨간장미로 대표되는 랭커스터 가문과 하얀 장미로 대표되는 요크 가문의 1455 년에서 1487 년 사이에 산발적으로 있은 싸움이다. 1500 년대에 이르러 헨리 VII세가 영국 군주제에 대한 권력과 안정을 회복하는데 성공했다. 그때 그는 영국의 모직 산업을 발전시켜 지금까지 인정받는다.

어 전체보다는 세습적 이익을 추구함으로써 국가적 연합을 완만히 하는 주요소로 등장하였다. 후레드릭 3세는 로마 카톨릭 신자였음에도 불구하고 루터를 보호하여 황제의 권한에 제한이 있었음을 보여 주었다. 그러나 독일 민족주의는 봉건영주들의 반대에도 불구하고 국민 전체의 정서로 발전했고, 전통적으로 독일연합체로 불리던 스위스, 네덜란드, 보헤미아 등이 하나씩 독립하기 시작했다.

스페인은 아라본과 카스틸리아라는 두 나라로 나누어져 있었다가 아라본의 페르디난도 왕과 카스틸리아의 이사벨라 여왕이 결혼을 하여 통일된 하나의 국가를 이루어 1479 년 에스파니아 왕조를 세웠다. 그리하여 카톨릭 신앙을 민족적 종교로 단일 화하였고, 종교 재판소을 설치하여 정통을 고수한다는 명목 아래, 실제는 왕권 통치를 강화하였다. 숨겨진 유대인과 회교도를 색출하여 형벌을 가함으로써, 카톨릭 신앙의 비호세력으로 등장하였으며 스페인의 혈통과 문화를 보존하였다.

## *2* 중세교회의 신학 사조

중세 후기의 환경을 보면 중세의 붕괴가 예견된 당위였다. 변화에 대한 갈망이 무르익어 있었고 종교개혁이 필연적으로 일어나야만 했던 것을 알 수 있다. 중세 말의 특징은 첫째로 근대 유럽 국가들의 새로운 탄생이 있었고 둘째 교회 교직제도에 대한 일반적인 회의가 있었다. 이것은 교회가 신임을 잃고 있었기 때문이었다. 대중들의 교회 이탈 현상은 신비주의를 낳았으며 보편보다는 개체가 중시되는 풍조와 더불어 루네산스 인문주의

(Renaissance Humanism)의 풍조가 있었다. 고전에 대한 새로운 관심과 함께 근원으로 돌아가자는 정신들이 하나로 합해져 종교개혁으로 가는 요인들로 작용한 것으로 보인다.

중세 교회 신학의 첫번째 특징은 교황이 절대 무오(無誤)하다는 교리이다. 이 교리는 그레고리 대제(540 - 604) 때부터 인식되어 왔다. 이 때에는 공식 교리로 선포되지는 않았지만 그는 모든 주교 중에서 스스로를 최고라고 믿었으며 그 후 다른 교황들도 그런 견해를 가져 왔다. 이 교리는 1870년에 공식적으로 선언되었다. 신학적으로 그리스도의 신성을 강조하면서 마리아까지 성화하여 그리스도에게 가기 위하여는 마리아를 통하여야 한다고 했다.

마리아와 성자를 경배하며 성자는 교회를 통하여 만들어 지며 하나님과 인간 사이에 중재자가 된다고 가르쳤고 성도들이 직접적으로 성경 말씀에 접하는 것을 금했다. 성직자에 대한 찬양을 주장했고 성직자는 하나님의 은혜를 배포하는 권한이 있다고 가르쳤다. 성직자가 군주와 제후들과의 일에 관계하여 자연히 교회의 부패를 초래했다. 예배 의식이 성도의 참여보다는 성직자에 의한 행사로 전락하여 일반 성도가 알지 못하는 라틴어로 행하여지면서 더 거룩하다고 했다. 성찬에 있어서는 떡과 포도주가 실제로 예수의 살과 피라는 것을 강조하여 예식화 했다.

교황과 교회의 권위가 성경보다 상위라고 믿었고 교황을 통하지 않고는 구원을 받을 수 없다고 믿었다. 교황에 반대하면 이단이며 교황을 하나님의 대변인으로 믿지 않는 자에게는 구원이 없다고 가르쳤으며 구원은 카톨릭 교회에만 있다고 가르쳤다. 교황청은 일반 군주와 마찬가지로 군대를 보유했는데 자원 봉사자와 용병으로 충당했으며 용병 유지를 위한 비용으로 인하여 많은 재원을 필요로 했다.

중세 기독교와 교황청의 부패와 타락은 극도에 달했다. 교회의 직을 능력 있는 사명 자에게 임명하기 보다는 돈을 가장 많이 주는 자에게 판매하여 돈을 받고 교직을 임명하는 것이 통상화 되었으며 교회의 직책이 계급화하였다. 성직자들의 결혼 생활은 일상화하였고 상급 성직자는 돈을 받고 이를 묵인하였다. 심지어 성직자 자녀들에 대한 세금을 징수하여 교단의 부를 축척했다. 특히 교황청의 아비뇽 시대와 "교황청의 바빌론 포로시대"(the Babylonian captivity of the papacy)는 교황청에 대한 신뢰와 위신이 땅에 떨어졌음을 입증한다.

14세기에 이르러 어거스틴의 신학은 거의 무시되었고 펠라기우스(Pelagius)[7]의 자유 의지론이 인정을 받아 구원은 예수를 믿는 은혜에서가 아니라 교회에 순종하는 선행(Salvation by Works)으로 얻어 지며 선행은 구제를 하는 것, 성지를 순례하는 것, 율법을 지키고 참회하는 것 등이라고 가르쳤다. 성화와 칭의를 혼동하여 선한 일을 하여야 의롭게 된다고 가르쳤다.

면죄부 판매는 가장 큰 논쟁의 대상이 되었다. 면죄부에 대한 초기의 비판은 교황이 연옥에 대한 관할권이 있다는 것을 비판

7) 펠라기우스(360-418)는 영국 계통의 신학자로 자유 의지와 금욕 주의를 주창하였다. 신명기 24장 16절 말씀을 인용하여 어거스틴의 원죄론을 부정하였으며 선행을 하는데 하나님의 도움이 필요 없다는 주장을 폈다.

한 존 위클리프가 앞장섰다. 루터는 95개조의 논제(論題)를 통해 면죄부 판매를 비판하며 성직자들의 부패를 공격했다. 루네산스 시대를 지나면서 비판적 성향이 강해지고 구텐베르그의 금속 인쇄술의 개발로 인하여 개혁의 필요성과 내용이 빠르게 홍보되었고 확산되었다.

중세를 지나면서 로마 교회에 대한 불만은 유럽의 각 지역에서 나타났다. 이에 대한 확실한 기록이 적어 이러한 운동에 대한 규모를 자세히 알 수는 없지만 사회의 저변에 깔려 있은 로마 교회에 대한 불만은 확실했다. 루터가 그의 95개 논제를 발표한 후 그의 사상이 급속히 확산되었다는 것은 이를 방증한다.

## 3 동서 교회의 분열

1054년에 있은 동서 교회의 분리는 기독교 교회의 첫번째 주요 분열이었다. 이 분열은 교황의 우선권의 본질과 특정 교리적 문제에 대한 불화로 인한 서부의 라틴어를 사용하는 교회와 동부의 그리스어를 사용하는 교회 사이의 분열로 상호 장기적 소외의 결과이기도 하였다. 이러한 동서 교회의 분열 현상은 이미 4 세기 초에 나타나기 시작하였다. 콘스탄틴 황제가 수도를 로마에서 콘스탄티노플로 옮긴 이후 두 도시 사이에는 갈등과 경쟁이 있었다. 서부 로마의 교황권은 라틴어를 사용하였고 콘스탄티노플의 동부 교회는 그리스어를 사용하였는데 이러한 언어의 차이와 이에서 발생하는 문화의 차이로 동서 교회의 분리는 어쩔 수 없는 현상이 되어버렸다.

교회는 라틴어를 사용하는 서방 교회와 그리스어를 사용하는 동방 교회, 즉 서양 천주교(Roman Catholic Church)와 동방 정교회(Eastern Orthodox Church)로 분리되었다. 동방의 특정 그룹이 칼케돈 공의회(Council of Chalcedon)[8]의 법령을 거부한 것이 직접적인 원인의 하나를 제공했고 교회 분열의 첫 번째 예로 의미를 갖는다. 두 그룹은 모두 초대 교회의 후계자이며, 둘 다 서로의 감독의 사도적 계승과 타당성을 인정한다. 동서 교회의 분리는 일반적으로 1054년으로 거슬러 올라가지만 실제로 교황의 우월성과 필리오크 조항(filioque clause)[9]과 같은 특정 교리적 문제에 대해 라틴어 계와 그리스 기독교국 사이에는 오랜 기간의 소원이 있었다. 필리오크 질문은"성령은 누구에게서 나오셨습니까? 아버지입니까, 아니면 아버지와 아들입니까?"이다. 이 필리오크는 라틴어이며 "and the son"(그리고 아들)이라는 뜻인데. 성령과 관련하여 교계에서 여전히 논쟁이 되고 있다. 니케아 신조에"그리고 아들"이라는 구절이 추가되었기 때문에 "필리오크 조항"이라고 불리 운다. 이는 성령이 아버지"와 아들"로부터 시작되었음을 나타낸다. 두 교회는 여전히 필리오크 조항에 있어서 현재까지 의견의 일치를 보지 못하고 있다.

---

8) 칼키돈 공의회(Council)는 451년 소 아시아의 칼키돈에서 있은 공위회로 예수는 신성과 인성에서 완전한 분이라고 하였다. 여기에 동방정교회(Oriental Orthodox Church)는 동의하지 않아 분리하게 된다.

9) 필리오크(Filioque) 는 니케아 신조(Nicene Creed)에 넣어진 라틴어로 "그리고 아들로 부터"(and from the son)이라는 뜻으로 동서양 교회 사이에 큰 논란의 대상이 되어왔다. 그것은 니케아 신조의 원문에 있지 않다. 6 세기 후반에, 일부 라틴 교회는 "그리고 아들로부터"(필리오크)라는 단어를 성령에 대한 설명에 추가했으며 많은 동방 정교회 기독교인들은 이것은 캐논에 대한 위반이라고 주장하여 지금까지 의견의 일치를 보지 못한채 논란의 대상이 되고 있다.

필리오크라는 용어가 포함되었는지 여부와 번역 및 이해 방법은 대다수 기독교 교회의 중심인 삼위 일체 교리를 이해하는데 중요한 의미를 가질 수 있다. 이 용어는 동서 기독교와 서구 기독교 사이의 갈등의 원천이되어 1054 년 동서 분열에 크게 기여했으며 양측을 통일하려는 시도에 장애가 되는 것으로 입증되었다.

동서 교회의 분열은 공식적으로 1054년 교황이 콘스탄티노플의 대주교인 마이클 세룰라리우스(Michael Cerularius)를 파문했을 때 절정에 달했다. 이에 대하여 콘스탄티노플의 대주교는 교황의 사절단들을 파문함으로 인하여 서로가 상대방을 파문한 것이다. 화해 시도가 1274 년과 1439 년에 있었지만 결실을 거두지 못했다. 최근인 1965 년, 당시의 교황과 동방 대주교는 상대방에 대한 상호의 파문을 철회했으나 그 분열은 아직 남아 있다. 이 분열은 이전 세기 동안 동서양 기독교 사이에서 발전해 온 신학적, 정치적 차이의 정점이기도 하다.[10][11][12] 2004 년 교황 요한 바오로 2 세는 1204 년 콘스탄티노플을 약탈한 것에 대해 공식적인 사과를 했고 이 사과는 콘스탄티노플의 대주교 바르톨로매에 의해 공식적으로 받아 들여졌다.[13] 그러나 분열은 아직 남아 있다.

## 4 바빌로니아 포로 시대

중세 후기인 1315 년에서 1317 년 사이에 대 기근이 발생했고 1346 년에서 1353 년 사이에는 흑사병으로 인한 팬더믹이 있었다. 이 전염병은 유럽 인구의 4분의 1을 죽인 것으로 추정된

10) https://en.wikipedia.org/wiki/Christianity_in_the_Middle_Ages, East-West_Schism, Retrieved 8/24/2020

11) Luke Timothy Johnson. *The History of Christianity: From the Disciples to the Dawn the Reformation Lectures 19-36* (Chantilly, VA: The Teaching Company, 2012), 151-160.

12) https://en.wikipedia.org/wiki/Christianity_in_the_Middle_Ages, retrieved August 3, 2020.

13) 김의환. 기독교회사, 총신대학교출판부, 2012, 174 - 6.

다.[14] 런던에서만 10 만 명이 사망했으며 영국 전체 인구의 절반이 희생되었다.[15]이러한 와중에 교황 클레멘트 5세(1305-1314)는 프랑스 왕 필립의 영향으로 교황에 임명되었다. 1309 년 교황청이 프랑스 남단 아비뇽(Avinon)으로 교황청을 옮긴 후 1378 년까지 70 년 동안 프랑스 출신의 추기경이 추기경의 다수를 차지하여 교황권을 통제하고 본질적으로 교황청은 프랑스의 한 기관으로 전락했다. 이 기간(1309-1378) 동안의 교황청을 이스라엘 민족이 바벨로니아에서의 포로 생활을 한 것과 햇수가 비슷하여 "교황청의 바빌로니아 포로시대" 라고 부른다. 교황청이 1378년 로마로 돌아온 후 불란서 계통의 추기경과 이태리 계통의 추기경 사이에는 치열한 분쟁이 있어 교황이 두 명 있은 때가 있었고 세명의 교황이 있은 때도 있었다. 마침내 콘스탄스 공의회(1414-1418)때 세 교황을 모두 해임하고 또 다른 교황 마틴 V세(1417 -1431)를 선출하여 교황청의 분리 현상을 종식시켰다. 그러나 이 교황청의 단일화는 정치적 수단에 의한 것으로 세속적인 방법이 영적 분리현상을 통일하여 교황청의 분열을 종식시킨 것에 주목할 만하다.[16]

## 5 면죄부 논란

로마 교황청은 교리에 의하여 면죄부를 현세적인 죄에 대한

---

14) George, distributed by Vision Video. *"The Reformation: Division and Renewal Between Medieval and Modern Times"* in *History of Christianity* (DVD &PDF).

15) David Fountain. John Wycliffe: *the Dawn of the Reformation* (Southampton, England: Mayflower Christian Books, 1984), 9.

16) Robert A Baker, revised by John M Landers. *A Summary of Christian History* (Nashville, TN: Broadman & Holman Publishers, 2002), 155 -58.

형벌을 용서하는 하나의 방법으로 사용하였다. 로마 교회의 교리에 의하면 기도와 순례, 구제, 참회 등의 선행으로 현세적인 죄의 용서를 받을 수 있었는데 11세기 이후에는 면죄부를 구입하는 것으로 대치할 수 있었다. 면죄를 받은 사람은 그것에 대한 특정한 선행을 해야하는데 면죄부가 이러한 선행을 대신하기도 한 것이다. 즉 죄의 용서를 돈으로 해결한 것이다. 사제들은 평신도를 위하여 기도하고 금식하며 성경을 읽는 등 특정의 종교 의식을 수행하였으며 이러한 예식을 행하면서 그 대가로 돈을 받았다. 구원을 얻지 못하는 교인은 죽은 후 연옥이라고 하는 정화 과정에서 지내야 하는데 면죄부는 연옥에서 지내는 시간을 줄인다는 시스템으로 발전했다. 즉, 면죄부는 죽은 후 "죄에 대한 일시적인 형벌"을 줄일 수 있는 방법으로 인정받은 것이다.[17]

또한 교회는 기금을 모으기 위해 면죄부를 팔았다. 특히 1506년에 공사를 시작하여 1626년에 완공된 성 베드로 성당(St. Peter's Basilica)[18]의 건축에는 막대한 돈이 필요했는데 교황청은 면죄부를 팔아 그 비용을 충당했다. 이 면죄부는 처음에는 "교황이 죄를 용서받은 사람에게 발행한 증서였는데 이의 수요

---

17) Cary. Luther: *Gospel, Law, and Reformation Part 1 of 2*, 130 - 33.

18) 성 베드로 대 성당은 이탈리아 로마의 바티칸 시국에 있는 대형 교회이다. 종종 "로마 교회에서 가장 위대한 교회"라고 불리운다. 가톨릭 전통에서 성 베드로 성당은 성 베드로의 매장지로 여겨진다. 베드로 사도가 로마에 갔다는 기록이 성경에는 없지만 카톨릭에서는 베드로가 로마의 첫 번째 주교라고 믿는다. 카톨릭에서는 베드로가 살해된 후 그의 시신이 현재 대성당이 있는 묘지에 묻혔다고 믿는다. 대성당의 제단 아래에서 무덤이 발견되었고 뼈가 약간 있었지만 그것이 성 베드로의 뼈인지는 아무도 확실하게 말할 수 없다. 처음 성 베드로 성당은 4 세기에 이곳에 세워졌다. 현재 그곳에 세워진 건물은 1506 년 4 월에 건축을 시작하여 1626 년에 완공되었으며 많은 교황이 그곳에 묻혀있다.

가 증가하자 교회에 재정적 특혜를 주었다"고 유나이티드 신학교의 키스커 교수는 말한다. 따라서 성직자들이 면죄부를 판매하는 것이 관행이 되었으며 이는 논란의 원천이 되었다. 중세 말기에 상업화한 면죄부의 발행에 대한 모순을 교회가 인식했지만 교회가 이를 효과적으로 제지할 수 없는 심각한 문제가 되었다. 면죄부로 인한 기금이 영주들의 영토를 떠나 로마로 갈 때 그 지역 경제가 어려움을 겪었기 때문에 정치 통치자들은 면죄부를 통제하는데 관심이 있었다. 통치자들은 종종 수익금의 일부나 면죄부 판매의 전액을 받으려고 했다.

종교개혁 초기부터 루터와 개신교 신학자들은 면죄부 판매에 대하여 가톨릭 교회를 비판했다. 루터는 일찍 1514년에 면죄부 남용에 대해 설교했다. 루터는 "교황이 그토록 많은 권력을 가졌다면 왜 연옥의 문을 활짝 열어 모든 사람을 연옥에서 내보내지 않는가?"하면서 면죄부의 판매를 비판했다. 비텐베르그에서는 후레드릭에 의하여 면죄부 판매가 금지되어 있었다. 이에 비텐베르그 교구인들은 존 테첼 신부가 면죄부를 판매하는 이웃 지역에 가서 면죄부를 구입하고 돌아와 그들이 죄를 용서 받기 위해 더 이상 회개할 필요가 없다고 주장했을 때 루터는 어이가 없었다. 그들은 죄를 용서받기 위해 돈을 지불했기 때문에 가난한 사람들에게 자선 행위를 하는데 경제적으로 위축을 받기도 했다. 면죄부에 대한 비판은 처음에 존 위클리프가 주도했다. 이런 상황에서 루터는 1517년 자신의 교구인들에게 진정한 회개와 하나님의 의에 대한 사랑을 깨닫는 것이 더 바람직하다는 것을 알도록 설교했다. 회개는 단순한 외적인 고백만이 아니라 내면의 영적 문제를 포함해야 한다고 가르쳤다. 루터에 따르면 면죄부는 그리스도인들이 가난한 사람들을 위해 헌금하고 자선 행위를 하는 것을 막았으며, 영적으로 더 죄를 범하게 한다고 주장했다.[19)]

## 6 중세 교회의 부패

중세 카톨릭 교회의 부패는 심각한 문제로 이로 인하여 개혁운동이 촉진되었고 개혁사상이 널리 퍼지게 했다. 중세 교회의 부패는 강력한 세속적 통치자들의 출현과 비례했으며 개혁주의 교황과 교회의 명령에 의해서만 완화되었다. 성직자들은 교육을 잘 받아야 했지만 많은 교구 사제들이 문맹이었고 일반적인 종교 의식을 수행하는 방법조차 제대로 알지 못했다. 때때로 성경조차 없는 성직자가 있었다. 이탈리아의 로마는 카톨릭 교회의 수도였지만 많은 로마의 사제들의 교육 수준은 열악했고 신앙이 없었다. 1510년 루터가 800마일을 걸어 로마를 방문했을 때 그는 로마의 현실을 보고 너무 실망했다. 성스러워야 할 로마가 영적으로 너무 난잡했고 거리는 노숙자들로 들끓었다. 허다한 성직자들이 유급 직책을 위해 교회에 있었다.

많은 성직자와 수녀들은 순결을 서약했지만 성적인 관계를 맺었다. 사제들이 결혼하고 첩을 두기도 했다. 많은 사제에게는 자녀도 있었다. 그들은 그것을 유지하기 위하여 상납금을 지불했다. 공식적으로는 그렇게 해서는 안 되기 때문에 벌금이지만 실제로는 세금과 같은 역할을 했다. 한 큰 교구에서는 매년 1,500명 이상의 어린이가 사제에게 태어났다고 한다. 감독은 어린 아

---

19) Michael J. Trinklein, etc., distributed by Vision Video. Inc. *A Return to Grace: Luther's Life and Legacy* (DVD)

이의 출생에 대하여 세금을 받았으며 그 외의 여러 방법으로 돈을 벌었다. 교황이 자녀를 낳아 키우기도 했다. 지역 주교들은 교구의 사제들 사이의 그러한 관행을 억제하려고 하지 않았으며 종종 자신의 첩을 가졌다. 교황은 성직자의 직책으로 인한 수입에 대해 세금을 청구했다. 이러한 모든 관행은 복합적으로 중세 사회의 특징을 형성했다.[20]

많은 감독들이 자신의 지위를 사용하여 사치스럽고 향락적 삶을 살았으며, 봉사하는 하나님의 종이라기 보다는 군주로서의 행세를 했다. 로마의 추기경은 심지어 웅장한 궁전에서 살기도 했다. 성당은 이러한 사치스러운 생활 방식에 대한 대가를 치르기 위해 여러 가지 부패와 관행을 개발했다. 일부 성직자들은 평신도들에게 그들의 죄에 대한 용서를 위하여 성지의 유물이 있는 장소를 순례케 하고 그 대가로 헌금을 요구했다. 예를 들어, 독일 북부의 군주인 프레드릭 1세는 모세의 불타는 덤불 조각, 예수의 십자가 조각, 예수 구유의 짚이라고 주장하는 유물 등을 순례케 하고 그 대가로 돈을 받았다. 그리하여 자신의 영토에 성당, 성, 대학을 짓는데 사용하였다. 역사적으로 알려진 『군주론』의 작가이자 당시 피렌체의 정치 학가인 마키아벨리(Niccolo Machiavelli)는 로마에 더 가까워질수록 부패한 사람이 더 많이 발견된다고 했다. 교회는 교회의 직책을 후보자의 능력에 관계없이 최고 입찰자에게 팔아서 교회를 위해 돈을 벌었다. 이런 식으로 성직자들은 종교적 배경이나 수련에 관계없이 지위를 얻었다. [21] [22]

---

20) Luke Timothy Johnson. *The History of Christianity:* From the disciples to the Dawn of the Reformation Lecture 19 - 36, 265.

21) Molly Worthen. *The History of Christianity II:* From the Reformation to the

교황 요한 22세는 기존의 징세 방법을 모두 동원하고 새로운 징세 방법을 고안해 냈다. 프랑스, 영국, 독일의 교회들과 성직자들에게 징세방법을 적용했는데 종류는 다양했다. 새로 임명된 감독은 첫 해 수입의 전부를 교황에게 바치기도 했으며 계속하여 수입의 일정량을 세금으로 바쳤다. 감독직에 공석이 생길 경우 자기에게 가까운 감독을 세우기 위하여 지역의 군주들과 경쟁하며 세속적인 분쟁이 있었다.

특히 면죄부의 판매는 일찍이 죤 위틀리프와 죤 후스의 비판을 받았으며 루터는 이의 시정을 위하여 95개조 논제를 발표하게 된 것이다. 면죄부는 성자들이 쌓은 공로에 의하여 자신들의 구원뿐만 아니라 다른 사람을 사죄하고 구원하는 혜택까지 줄 수 있다는 교리에 근거했다. 즉 교황이 면죄부를 사는 사람들에게 성자들의 공로의 혜택을 나누어 주는 것이 면죄부이다. 이는 후에는 당사자 뿐만 아니라 죽은 사람에게 까지 해당되어 구원을 돈으로 팔고 사는 결과가 되었다.

---

Modern Megachurch Lecture 1 - 18 (Chantilly, VA: The Great Courses, 2017), 32-33.

22) Johnson. *The History of Christianity*: From the disciples to the Dawn of the Reformation Lecture 19 - 36, 26. 1

# 제 3 장

③

③ 마틴 루터
https://en.wikipedia.org/wiki/Martin_Luther. 5/2/21 검색

## 루터의 개혁 운동

루터의 종교개혁의 중심은 루터의 복음에 있다. 혹자는 루터의 95개 논제가 종교 개혁의 시작을 촉발했다고 하지만 실제 그 내용에 있어서는 루터의 복음에 있다. 그런고로 루터의 복음이 무엇인가 부터 알아보기로 한다.

### 1 루터의 복음

이 절의 제목을 루터의 복음이라고 붙였다. 이것은 엄격히 말하여 잘못된 표현이다. 실제에 있어서 복음은 루터의 복음이 아니라 예수 그리스도의 복음이다. 루터가 개혁의 중심인물이기에 독자들의 관심을 끌기 위하여 그렇게 제목을 붙였다.

루터는 중세 유럽에서 인류 역사의 방향을 바꾸어 놓은 대 변혁의 중심인물이다. 그는 이 변혁의 중심에서 그가 살아 있을 때는 물론이지만 지금까지 끊임없는 논쟁의 중심에 있다. 그 논쟁의 본질은 무엇인가? 무엇이 문제인가? 여기서 우리는 그의 중심 사상을 생각하여 보아야 한다. 그의 중심 사상은 복음이다. 복음은 당시 지성인의 표준언어인 라틴어로 에방겔리온(Evangelion)인데 영어로 Good News라는 뜻이다. Good News는 한국말로는 좋은 소식이라는 뜻이고 복음이라고도 한다. 무엇이 좋은 소식인가? 무엇이 복음인가? 루터에게 복음이 무엇이냐고 묻는다면 그는 "복음은 예수께서 영원하신 하나님의 아들로서 동정녀 마리아에게 나시고 본디오 빌라도에게 고난을 받으사 십자가에 달려 돌아가시고 장사한지 삼일 만에 다시 살아나시며 하늘에 오르사 전능하신 하나님 우편에 앉아 계신다는 것이다" 라고 대답할 것이다. 이는 루터교인을 포함하여 모든 개신교 신자는 물론이지만 카톨릭 교인이나 동방 정교회(Eastern Orthodox) 교인들에게도 잘 알려진 것으로 이들 모두가 주일마다 암송하며 모두가 이에 동의 한다.

신약 성서는 마태복음, 마가복음, 누가복음, 요한복음의 순서로 시작한다. 이렇게 복음서에는 네 가지가 있지만 그러나 복음이 네 가지인 것은 아니다. 복음은 하나이다. 단지 이 하나인 복음을 네 가지로 표현한 것이다. 복음을 표현하는 방법은 네 가지 만이 아니다. 바울 사도는 그의 서신의 여러 곳에서 복음에 대하여 말한다. 구약 성경은 앞으로 있을 예수에 관한 복음을 기록하고 있다. 그러기에 복음은 하나이지만 복음을 말하는 방법에는 네 가지 만이 아니고 여러 가지가 있는 것이다.

그러면 무엇이 문제인가? 왜 루터는 논쟁의 중심 대상인가? 위에서 말한 복음에 관한 것은 복음의 본질이다. 복음의 본질에 있어서는 모두가—루터교를 포함한 개신교 신자나 로마 캐톨릭 신자 그리고 동방 정교회 신자—동의하지만 복음의 내용에 있어서는 서로 설명이 다르기 때문이다. 복음의 내용을 설명하는 것을 신조(信條) 또는 신경(信經)이라고도 한다. 루터가 말하는 복음의 내용은 같지만 그 복음에 관한 내용의 설명이 다르기 때문에 문제가 된다. 루터가 말하는 복음의 설명은 우리는 "우리의 하는 일에 관계없이 오직 믿음으로 의로워 진다"는 것이다. 오직 믿음으로! 우리는 아무것도 하지 않고 단지 믿기만 하면 된다는 것이다. 믿는 것이 무엇이기에 믿기만 하면 되는가? 복음은 예수에 관한 이야기이다. "예수께서 이 세상에 오셔서 십자가에 죽으시고 삼일만에 다시 살아 나셔서 하늘에 오르사 하나님 우편에 앉아 계신다는 것이다"는 이야기를 믿는 것이다. 이 이야기에는 약속이 들어 있다.

무슨 약속인가? "이 복음의 사실을 믿기만 하면 의로워 진다"는 약속이다. "하나님이 세상을 이처럼 사랑하사 독생자를 주셨으니 이는 저를 믿는자 마다 영생을 얻으리라(요 3: 16)"하는 하나님의 약속이다. "오직 의인은 믿음으로 말미암아 살리라(로 1:17)"하시는 하나님의 약속의 선언이다. 하나님은 신실하시기 때문에 약속을 지키신다. 예수님은 최후의 만찬에서 "이것은 너희를 위하여 주는 나의 몸이다"라고 말씀하셨다. "이것"이 무엇인가? 예수님께서 우리에게 주시는 이것이 무엇인가? 예수님은 우리에게 예수님 자신을 주신다. 나에게 예수님 자신을 주신다. 여기서 행동하시는 이는 예수님이시다. 그러기에 복음은 예수님에 관한것이다. "나"에게 주시는데 여기서 나는 주체(主體). 즉 주어(主語)가 아니다. 주체는 예수님이시며 나는 "나에게"라는 목적어(目的語)이다. 나는 아무것도 하지 않는다. 단지 믿기만 하면 되는 것이다.

"나에게"라는 목적어는 루터 당시의 지성인이 사용하는 표준언어인 그리스어로 프로 메이(Pro Mei)라고 한다. 루터는 이 Pro Mei라는 표현을 아주 좋아했으며 많이 사용했다. 복음은 "나에게"이며, 나는 아무것도 하지 않는데, 단지 나에게 이 복음이 주어지며 나는 이를 믿기만 하면 의로워 진다는 것이 복음에 대한 설명으로 이는 로마 캐톨릭의 설명과 다르며 이것이 논쟁의 중심이다. 루터는 이 복음의 진리를 로마서를 읽으며 깨달았다고 한다.

## 2 95개 논제

루터가 95개 논제(論題)를 발표할 당시 그는 새로 생긴 비텐베르그 대학의 평범한 신학 교수였다. 그는 95개 논제를 발표하면서 종교개혁이라는 거대한 성사나 교황에 대한 항의는 생각지도 않았다. 단지 당시 관행으로 잘못된 면죄부의 판매를 시정하려 하였던 것이다. 그러나 이 평범한 신학 교수의 논제 발표가 종교 개혁은 물론이지만 당시 사회와 정치를 개혁하여 인류 역사(歷史)의 방향을 바꾸어 놓은 큰 역사(役事)가 되었다. 필자는 당시의 사태를 '종교개혁'이라고 표현하기 보다는 '개혁'이라는 표현이 더 실제에 가깝다고 생각한다. 이 개혁은 종교개혁은 물론이지만, 사화, 정치, 경제개혁 및 지성의 개혁을 포함했다. 그렇기에 개혁이라는 표현이 더 실제에 가깝다는 것이다.

앞서 말한 루터를 중심으로 한 논쟁은 루터의 95개 논제(論題)[23]에서 시작한다. 루터는 존 테첼(Johann Tetzel)의 잘못된 면죄부 판매에 격분하여 95개 조의 논제를 써서 발표했다. 테첼의 잘못된 면죄부 판매에 자극을 받아 이의 수정을 원했던 것이다. 그런데 이 루터의 95개조 논제가 루터가 개혁 운동을 일으키는 기폭제가 되었던 것이다.

---

23) Luther, *Martin. Martin Luther's Ninety-Five Theses and Selected Sermons* (Radford, VA: A &D Publication, 2008).

중세 카톨릭 교회에서의 면죄부 판매는 교회 경제의 중요한 역활을 담당하였다. 로마 카톨릭 교회의 성직자들은 로마에 성 베드로 성당 재건 자금을 모으기 위하여 면죄부를 팔았다. 대주교이자 선거인(Rector)[24]단의 일인인 메인쯔(Albert Maintz) 는 로마 교황청으로 부터 교회의 고위직에 임명[25]받는데 막대한 빚을 졌다. 그는 퓨거(Fugger) 금융회사[26]에게 진 이 빚을 갚기 위해 독일에서 판매되는 모든 면죄부판매액의 절반을 사용하기로 허락을 받았다. 메인쯔의 대주교인 알브레히트 폰 브란덴부르그 (Albrecht von Brandenburg)는 교황청으로 부터 독일 지역에서 면죄부를 판매하는 위임을 받았고 이에 따라 교황청의 대리인으로서의 요한 테첼(Johann Tetzel)을 고용한 것이다. 도미니칸 수도사이자 교황의 면죄부 판매 담당관인 테첼은 로마 카톨릭 교회로부터 면죄부를 팔아 로마에 있는 성 베드로 성당 재건을 위한 기금을 마련하기 위해 1516 년에 독일로 파견되었다. 테첼의 면죄부에 대한 설교는 대단했다.[27]

> 금고에 있는 동전이 울리자마자 연옥에서 영혼이 뛰어 나온다.

미첼은 이렇게 외치며 면죄부를 판매했는데 상당한 성과를 거두었다. 교황만이 연옥에 있는 죽은 영혼들을 위하여 면죄부를 발행할 수 있었는데 이 권한이 테첼에게도 주어진 것이었다.

---

24) 당시 독일은 통일된 단일 국가가 아니었으며 Holy Roman Empire 라는 일종의 연합 국가 였으며 여기에 7명의 선거인이 있어 이들이 황제를 선출했다.

25) 로마 교회에서는 교회의 고위 공직을 돈을 받고 임명하는 관행이 9 세기 부터 있었는데 이를 Simony 라고 한다.

26) 로마 교회에서는 교회의 고위 공직을 돈을 받고 임명하는 관행이 9 세기 부터 있었는데 이를 Simony 라고 한다.

27) 퓨거(Fugger) 금융 회사는 당시 유럽을 장악한 금융 회사로 막강한 부를 보유하고 있었다.

비텐베르그의 선거인[28]인 프레드릭 3세(Frederick Ⅲ the Wise)[29]는 지역 교회의 교인들이 모든 성도교회(Church of All Saints)에 전시된 자신이 수집한 성유물(聖遺物)에 헌금을 바치는 것을 원했으며, 따라서 이 면죄부의 판매는 프레드릭 3세에 의해 비텐베르그에서는 금지되어 있엇다. 그러므로 비텐베르그 지역 교회 신도들은 테첼이 면죄부를 판매하고 있는 이웃으로 가서 면죄부를 샀다. 그들은 구입한 면죄부를 비텐베르그로 갖고 돌아와 루터에게 보여 주면서 자신들은 면죄를 받았다고 말했다. 루터는 심각한 신학적 오류라고 생각하고 분노하여 95개의 공개 토론 논제(論題)를 발표한 것이다.

## 3 95개 논제의 내용

루터의 95개 논제의 발표는 학문적 토론에의 초대로 로마 교회의 면죄부 판매에 대한 반대일 뿐이었다. 루터가 처음 발표한 논제의 제목은 "관념의 힘과 효능에 대한 마틴 루터의 논쟁"이었으며 소위 95개 논제로 불리 운다. 이때 루터는 당시 로마 교회에 맞설 의도가 전혀 없었다. 루터는 이 95개 논제의 서문에 다음과 같이 썼다:

---

28) 신성로마제국에서는 7명의 선거인단이 있어 이들이 황제를 선출했다.

29) Frederick the Wise 으로도 알려진 Frederick Ⅲ(1463 - 1525)은 1486 년부터 1525 년까지 Saxony의 선거인으로 Martin Luther를 신성로마 황제, 교황 및 기타 적대적인 인물로부터 성공적으로 보호했다. 그는 종교적 신념에서가 아니라 제국법에 의해 보장된 보호와 법치에 대한 공정한 재판에 대한 개인적인 믿음에 의해서 루터를 보호하였으며 루터와 개인적인 접촉은 거의 없었다. 프레드릭은 평생 동안 로마 가톨릭 신자로 남아 있었지만 점차 종교 개혁 교리에 관심을 갖고 임종 때 개종한 것으로 여겨진다.

진리에 대한 사랑과 그것을 밝히고자하는 열망에서 비텐베르그에서 다음과 같은 논제들을 마틴 루터 신부의 사회로 토의할 것입니다.[30]

루터의 어조는 "교리적이기 보다는 탐색적" 이었다. 95개 논제의 내용을 추려 보면 대강 다음의 세 가지로 요약할 수 있다.

- 면죄부는 자선을 위한 선행을 위축시키고 그릇된 안전감을 유발하여 구원을 방해하기 때문에 사람에게 결과적으로 해롭다.
- 루터의 발표는 학문적 토론에 대한 초대와 면죄부를 판매하는 로마교회의 관행에 대한 반대일 뿐이었다. 하나님 만이 용서를 하실 수 있기 때문에 면죄부가 구매자를 모든 형벌에서 면제하고 그들에게 구원을 허락한다고 주장하는 것은 잘못이다.
- 루터는 그의 토론 논제에서 카톨릭 교회나 교황을 공격하지 않았다. 당시에는 아직 개혁에 대한 구상이 전혀 없었으며[31] 교황의 특권을 부인하지 않았다. 단지 그는 성 베드로 성당 건설 자금을 조달하기 위해 면죄부를 판매하는 것을 반대했다.

그 글은 일반이 이해하지 못하고 신학자만이 이해할 수있는 라틴어로 쓰여 져 있었다. 그것은 신학자들 사이에서의 토론을 의미한다. 그는 또한 사본을 20개 만들어 다른 성직자들에게도 보냈다. 루터의 논문은 당시 대중적인 혁명을 시작하기위한 것이 아니었다. 루터가 95개 논제를 발표한 후 그 논제는 전 유럽에 퍼지고 있었는데 그는 자신의 논문이 널리 퍼지고 있다는 사실조차 몰랐다. 루터는 면죄부의 거짓 보증이 그리스도인들이 그리스도를 따르는데 방해가 될 것이라고 우려했다. "교황의 면죄부는 죄책감을 제거하지 않습니다"라고 그는 설교했다.

---

30) Luther. Martin Luther's Ninety-Five Theses and Selected Sermons, 5.
31) Cary. Luther: *Gospel, Law, and Reformation Part 1 of 2*, 128.

그러나 당시의 다양한 정치적, 종교적 상황으로 인하여 이 논문은 2 주 만에 독일 전역에 알려지게 되었고 두 달 후에는 유럽 전역에 퍼졌다. 당시 새로 개발된 인쇄기가 이러한 정보의 확산에 결정적 역할을 한 것이다. 1518 년 1 월 루터의 친구들은 그의 글을 독일어로 번역하고 인쇄하여 배포했다. 따라서 그것은 로마 교회에 대한 선언문이 되었고 면죄부 스캔들에 대한 논쟁은 서구 기독교 역사상 가장 큰 위기로 확대되었다.

루터는 1517년 10월 31일에 마인츠 대주교인 알버트(Albert of Brandenburg)에게 편지와 함께 95개조의 논제를 보냈다. 루터는 또한 그의 논제를 비텐베르그의 모든 성도교회(All Saints Church)와 다른 교회 문에 못으로 박아 공고했는지 모른다. 당시 신학자와 승려들 사이에서는 이러한 토론 주제나 공고문을 교회 문에 계시하는 것이 관례였다. 다시 말하자면 당시에 교회의 문은 이들의 공용 계시판으로 사용된 것이다. 어쨋던 1668년 부터 이 날이 종교 개혁의 시작일로 기념되고 있으며 독일의 색소니(Saxony)에서는 공휴일이다. 이 날은 할로윈 전야이기도 했다. 2017년 10월 31일은 개혁 500주년으로 독일 전역에서 국가 공휴일로 경축되었다.[32)]

## 4 카톨릭 교계의 초기 반응

알버트는 루터의 편지를 그해 11월 말경에 받은것 같다. 루터의 글을 받은 그는 어떻게 할 줄을 모르다가 마인쯔(Mainz) 대

---

32) Eric Metaxas. *Martin Luther* (New York, Viking, 2018), 107 - 139.

학의 여러 학자들과 의논한 끝에 루터가 면죄부에 대한 설교를 못하도록 교황에게 요청할 것을 권했다. 교황은 "이것은 술취한 승려의 생각이다. 내일 아침이면 제 정신이 들겠지"하고 대수롭지 않게 생각하고 별다른 조치를 취하지 않았다. 교황이 이 문서에 대하여 아무런 조취를 취하지 않은 것은 카톨릭 역사상 교황이 저지른 가장 심각한 실수로 간주되고 있다.[33] 이때 만일 교황이 루터의 논제를 받아 들여 면죄부에 대하여 적절한 조취를 취했다면 종교 개혁은 없었을 수 있었으며 이것이 루터가 바라던 것이었다.

면죄부를 판 죤 테첼은 루터가 이단이라고 반박하면서 그를 화형시킬 것을 주장했다. 1518 년 2 월 레오 교황은 루터의 상급자인 아우구스티누스에게 면죄부에 대한 루터의 생각을 퍼뜨리지 않도록 설득해 달라고 요청했다. 이로 인하여 루터는 1518 년 8 월 로마로의 소환장을 받았다. 루터는 이 소환장이 교황을 공격한다는 비난에 대하여 그렇지 않다는 것을 설명했으며 면죄부에 대한 자신의 견해를 설명했다. 이때에 루터가 쓴 짧은 논문은 20차례나 재판(再版)되었는데 루터의 "첫번째 개혁업무"라고 불리운다. 그해 10월에 열린 아우구스버그 국무회의(Diet of Augusburg)에서는 마틴 루터와 관련된 두 가지 중요한 안건의 회의가 있었는데 그 회의의 목적은 간단했다. 첫 번째는 루터가 카제탄(Thomas Cajetan) 추기경을 만나 그의 가르침에 대해 검토를 받는 것이었다. 카제탄 추시경은 교황의 전권을 위임받은 절대 권력자였다. 그는 또한 루터가 주장하는 면죄부 판매, 믿음에 의한 의화(義化), 교황의 권위에 대한 그의 입장을 철회할 것

---

33) Eric Metaxas. *Martin Luther* (New York, Viking, 2018), 107 - 139.

을 요구하였다. 그러나 루터는 자신의 주장을 철회하기를 거부했다. 카제탄 추기경의 임무는 루터가 자신의 주장을 철회하지 않으면 그를 체포하여 로마로 보내야 하는 것이었다. 그러나 다행이 루터의 지지자들이 루터가 탈출하도록 도와 루터는 무사히 비텐부르그로 돌아갈 수 있었다.

그러나 루터의 반대파인 요한 에크(Johann Eck)는 루터를 이단이며 바보라고 혹평하며 공격했다. 이에 루터도 화가나서 에크가 내용을 이해하지 못한다고 답변하여 1519년에 라이프치히 토론이 열리게 되었다.

## 5 라이프치히 토론

원래 라이프치히 논쟁(Leipzig Debate)은 루터의 비텐베르그 신학 교수들과 로마 카톨릭을 옹호하는 신학자인 에크(Johann Eck) 사이의 토론으로1519 년 여름 독일의 라이프치히에서 있었다.[34]

토론의 초기에는 루터가 없는 가운데 은총과 자유 의지에 대한 토론을 했다. 여기에는 비텐베르그 대학의 학장인 칼스타트(Andreas Karlstadt)가 참여하여 에크의 루터에 대한 비판을 옹호했다. 그러나 논쟁 도중에 에크는 루터가 보헤미안 이단자인 존 후스(John Huss)가 했던 것과 같은 방식으로 교황의 권위를 거부했다는 논조로 토론을 전개시켰다. 에크는 당시 독일에서 가장 유능한 변증가였으며 카톨릭의 가르침을 수호하는데 평생을 바친 카톨릭 신학자였다. 그는 마틴 루터가 토론에 동참하도록 유도하여, 7월에 루터와 에크는 연옥, 면죄부의 판매, 고해의 필

34) Bainton, Robert H. *Here I Stand*: A Life of Martin Luther Peabody,(Peabody, MA: Hendrickson Classic Biography, 2017), 62 -66).

요성과 방법, 교황 권위의 정당성 등을 포함한 광범위한 내용을 토론했다. 에크는 그의 유능한 화술로 루터를 이단으로 처형받은 존 후스를 공개적으로 인정하도록 유도했다. 그러나 루터는 "오직 성경으로만"－라틴어로 Sola Scriptura－이 기독교 신앙의 기본이며 교황은 성경에 언급되지 않아 성경을 능가하는 권한이 없다고 응했다. 성경에 연옥에 대한 언급이 없고 면죄부 판매에 대한 기록이 없음을 들어 면죄부 판매를 비난했다. 루터는 결국 존 후스에게 화형을 선고한 공의회의 결정이 잘못되었을 수 있다고 말했다. 무오(無誤)한 것은 오직 성경만이며 교회의 최종 권위는 성경에 있다고 주장했다. 루터는 이 토론에서 처음으로 교황, 공의회, 신학자들이 모두 오류를 범할 수 있으며 성경을 최고의 권위로 주장하는 자신의 입장을 분명히 밝혔다. 루터는:

> 성경으로 무장한 단순한 평신도는 성경이 없는 교황이나 공의회 위에 있어야 합니다. 면죄부에 대한 교황의 결정에 관해서는 교황도 교회도 잘못일 수 있습니다. 이것들은 성경에서 나온 것이어야 합니다.

고 했다. 이러한 루터의 주장은 화형에 취해질 수 있는 위험한 발언이었다. 이 논쟁은 17 일 동안 계속되었다. 이 논쟁으로 인하여 루터는 결코 뒤로 물러설 수 없는 새롭고 충격적인 신학적 입장을 취하게 되었다. 그는 오직 성경의 개념으로 성경이 교황보다 우위에 있다는 논리를 단호하게 주장했다. 또한 연옥의 교리를 성경 어디에서 찾을 수 있느냐고 반문했는데 루터의 이러한 발언은 위험하고도 도발적인 것으로 아무도 상상하지 못한 사고였다. 그는 후에 만일 "교황이 그렇게 많은 권한을 가지고 있다면 왜 연옥의 문을 활짝 열어 모두를 내 보내지 않았습니까?"라고 말했다.[35][]37) 그러나 그는 하나님께서 자신이 취한 입장과 함께 하신다는 것을 확신하며 대담한 발언을 했다.

라이프치히에서의 이 논쟁은 개혁자와 로마 카톨릭 사이의 분수령의 시초였으며, 그 결과 교황과 개혁자들 사이에는 더 심각한 논쟁이 벌어졌다. 이 토론에서 루터는 교황의 권위의 범위에 관하여 동의하지는 않았지만 교황권을 신성한 기관으로 계속 지지했다. 그러나 이 논쟁이후 교황 레오 10 세는 루터의 문서를 검문하게 했고 그의 교서를 루터에게 보내어 60일 이내에 루터가 그의 모든 글을 취소하지 않으면 그를 교회에서 파문하겠다고 했다. 또한 교황의 교서는 루터가 설교하고 글을 쓰는 것을 금지했다.

이로 인하여 루터는1521 년에 파문당하게 되었다. 루터의 95개 논제는 종교 개혁의 시작이었지만 루터는 95개 논제에서 지적한 면죄부가 교회를 분리시키는 문제점으로 보지 않았다.[36]38) 그러나 "오직 믿음으로만"을 주장하는 그의 성경에 대한 이해는 로마 카톨릭을 묵인할 수 없는 반(反) 성서적 과제로 대두되게 했다.

## 6 교서를 불태우다

라이프치히 논쟁은 교황 레오 10 세가 교서를 발행하도록 하

35) George, distributed by Vision Video. "*The Reformation*: Division and Renewal Between Medieval and Modern Times" in History of Christianity (DVD& PDF).

36) Bainton, Robert H. *Here I Stand*: A Life of Martin Luther Peabody,(Peabody, MA: Hendrickson Classic Biography, 2017), 97 - 107.

였는데 그 내용은 60일 이내에 루터의 모든 글을 불태우고 취소하며 그렇지 않을 경우 루터를 파문하고 로마로 소환하는 것이었다.[37] 당시 교황 레오 10 세는 신학적인 면에 대해 별로 관심이 없었지만 교황의 권위에 도전하는 루터의 질문에 점점 더 짜증이났다. 로마 카톨릭 교회에서는 교리에 관한 것이 문제가 아니라 루터의 반항을 통제하는 것이 문제였다. 루터의 모든 글과 95 개의 논제는 60 일 이내에 불태워 버려야 했다. 이 교서의 최초의 초안은 1520 년 5 월 2 일 교황이 멧돼지 사냥을 하며 오두막에 있을 때 전달되었다. 그 교서의 내용은 "여호와의 포도원을 파괴하는 여우와 멧돼지에 대항하여 일어나서 행동해 달라"고 하나님께 간청하는 것이어서 당시 멧돼지 사냥을 하던 교황의 모습과 일치한다는 것은 흥미로운 일이다. 교황의 교서는 루터를 지지하는 지원자들을 불안하게 했으나 루터는 그 교서를 무시했다. 1520 년 12 월, 60 일이 지나자 루터는 비텐베르그에 군중을 모아 놓고 교황의 교서와 더불어 성경에 위배되는 교회의 법규를 불태워 버렸다. 루터는 감히 교황의 교서를 불태우는 놀라운 행동을 하면서 다음과 같이 선언했다.

> 교황의 비난을 받는 글을 한 음절 철회하는 것보다는 천 번 죽는 것이 낫습니다. 그들이 나를 신성 모독이라고 파문하므로, 나는 신성하신 하나님의 이름으로 그들을 파문합니다. 그리스도께서는 누구의 파문이 옳은 것인지 심판하실 것입니다. 아멘.[38]

루터는 교황의 교서를 불에 태우는데 가볍게 행동하지 않았고

---

37) 교서의 제목은 Exsurge Domine(라틴어로서 영어로"Arise, O Lord"란 뜻이다.)인데 주께서 주의 동산을 망치는 멧돼지를 잡아 처리하라는 권고를 포함하고 있다. 당시 교황은 멧돼지 사냥을 하고 있었다.

38) Boettchner &Trinklein Television Inc. "*A Return to Grace*: Luther's Life and Legacy."(DVD). Distributed by Vision Video, Worchester, PA.

여러 면에서 예의를 갖추었다. 그는 나중에 그의 친구들과 상사인 요한 스타우핏츠(Johann von Staupitz)에게 "떨며 기도하면서" 그렇게 했다고 말했다. 당시 신과 같은 존재인 교황에 대항하는 루터의 행동은 무례한 것으로 여겨졌다. 그러나 그는 그러한 무례한 행위를 자신의 이익을 위해 하지 않았다. 루터는 반역을 위한 행동을 하지 않았고, 스스로 교회를 분열시키려 하지도 않았다. 오히려 그는 성경 말씀을 전파하고 가르치는 교회의 설교자로서 그리고 신학교의 교수로서 마땅히 하여야 할 의무를 했다고 생각했다. 루터가 교서를 불태웠을 때 그는 오만스러운 힘의 과시가 아니라 하나님의 말씀에 묶인 기독교인으로서 그렇게 하고 있었다.

교황 레오는 루터가 교서를 태웠다는 소식을 듣고 루터가 청문회를 위해 루터가 로마에 오도록 요구했다. 루터가 로마로 간다면 처형당할 것은 뻔한 일이었다. 루터의 운은 마지막에 다달은 것처럼 보였다. 그러나 그의 지지자들은 마지막 선택의 기회가 있는 것을 알아냈다. 그것은 당시 서구 세계에서 가장 강력한 사람인 황제에게 청문회를 독일에서 열도록 호소하는 것이었다. 그래서 루터를 보호하기 위해 독일에서 청문회가 열리게 되었다. 이것이 보름스 국무회의였다.

## 7 보름스 국무 회의

보름스 국무 회의(The Diet of Worms)는 당시 신성로마제국의 비(非) 정기적인 공식 심의 기구로 국가의 주요 사항을 결정하는 최고회의였다. 라인 강 상류에 위치한 신성로마 제국의 자유 도시인 보름스에서 열렸다. 이 도시에서 국무 회의가 황제 찰스 5 세에 의하여 1521 년에 소집된 것이다. 이 회의의 가장 중요한 의제는 루터를 이단자라고 공포하고 그의 글을 읽거나 소유하는 것을 금지하는 것이었다. 1521 년 4 월 18 일 회의의 주재인 요한 본 에크(Johann von Eck) 는 루터에게 자신의 주장을 철회할 준비가 되었는지 물었다. 루터는 오랜 시간 동안 기도했고 친구와 중재자들과 상의했다고 말하면서 다음과 같은 답변을 했다.

> "내가 성경의 증언이나 분명한 이유에 의해 잘못되었다는 것이 확인되지 않는 한 나는 내가 한 말을 취소할 수 없습니다. 나는 교황이나 공의회의 말에 잘못이 있다는 것이 잘 알려져 있으므로 그들의 말을 믿지 않습니다. 나는 내가 인용한 하나님의 말씀과 양심에 사로 잡혀 있습니다. 양심에 어긋나는 것이 안전하지도 않고 옳지도 않기 때문에 나는 아무것도 철회할 수 없으며 취소하지 않을 것입니다. 하나님 저 여기 서 있습니다. 나를 도와주소서. 아멘."

루터의 외침은 당시 세계에서 가장 강력한 권력을 가진 인물인 신성로마제국의 황제 찰스 5 세를 격분하게 했다. 루터는 그의 열정적인 발언이 생사를 가름하는 위험한 발언이라는 것을 잘 알고 있었다. 이 발언은 루터를 공부하는 신학자들에게는 잘 알려진 생명을 내 건 명구이다. 그러나 당시 루터에게는 아무런 신상의 보호가 없었다. 그에게 있은 것은 여론의 보호와 대중적인 지원뿐이었다. 후대의 신학자들은 이 당시의 여론이 루터를 보호한 것을 여론의 최초의 힘의 과시라고 평한다. 논쟁의 근거는 루터의 95 개 논제와 그의 저작들이었다. 전통에 따르면 루터는 그의 발언의 마지막에 다음과 같이 선언했다.[39][40][41]

---

39) Bainton. *Here I Stand*: A Life of Martin Luthe, 180.

42)43)44)

> 나는 달리 할 수 없습니다. 나 여기 서 있습니다.
> 하나님 저를 도와 주소서. 아멘.

보름스 회의에서 찰스 5세 황제는 칙령을 내려 루터를 불법자로 규정하였으며 아무나 루터를 처형해도 된다고 공포했으며 그를 보호하는 자도 같이 처벌한다고 했다. 이 칙령은 종교 개혁파와 로마 카톨릭 교회 사이에 돌이킬 수 없는 분수령이 되었다.

보름스 국무 회의를 시작할 때의 일반적인 느낌은 루터가 체포되어 화형에 처해질 것이라는 것이었다. 그러나 찰스 V세는 후레드릭 군주와 루터가 보름스 회의에 오고 가는데 대한 안전한 여행을 약속하였다. 찰스 황제는 이 약속을 지켜 루터가 비텐베르그로 돌아 갈 수 있도록 며칠간의 여유를 주었다. 회의가 끝난 후 루터는 곧 바로 비텐베르크에 있는 집으로 떠났다. 그러나 후레드릭은 하수인을 시켜 루터를 납치하여 발트버그 성(Wartburg Castle)에 그를 숨겼다. 루터는 10 개월 동안 "조지 나이트"라는 가명으로 그곳에 숨어 있었으며 이 시기에 루터는 성경을 독일어로 번역하였다. 당시 루터의 독일어 성경 번역은 셰익스피어의 영문학 저술과 단테의 이탈리아어 저작과 맞먹을 만

---

40) Metaxas. *Martin Luther* , 216.
41) Timothy George. "*Reformation*: division and Renewal Between Medieval and Modern times" in History of Christianity (PDF).
42) Cary. *Luther*: Gospel, Law, and Reformation Part 1 of 2, 136, 154 - 57
43) Ken Curtis, distributed by Vision Video. "*Program 4*: Ulrich Zwingli and John Calvin" in Reformation Overview (DVD and PDF)(Worcester, PA: Christian History Institute, 1995).
44) R.C. Sprout. *Faith Alone*: The Evangelical Doctrine of Justification (Grand Rapid, MI: Baker Books, 2017), 66.

한 역작이라고 평한다.45)

루터가 발트버그 성에서 나타 났을 때 찰스 황제는 다른 국제적 문제로 주의가 산만해 있었고 루터의 체포를 압박하지 않았다. 궁극적으로는 독일 국민들 사이에 루터에 대한 대중의 지지가 높았고 후레드릭 등 특정 독일 왕자와 군주들이 루터를 보호하여 보름스 칙령은 제대로 시행되지 않았다. 그러나 독일의 다른 지역에서는 루터의 적극적인 지지자들을 체포하여 칙령이 시행되었다. 1521년 12월, 아우구스티누스 수도원의 제이콥 프롭스트(Jacob Probst)는 웜즈 칙령에 따라 체포되어 기소된 최초의 루터를 지지하는 성직자였다. 1522년 2월에 프롭스트는 루터의 가르침을 공개적으로 철회하고 거부하도록 강요받았다. 그해 말, 잰 에센(Jan Essen)과 헨드릭 보스(Hendrick Vos), 두 승려가 웜스 칙령에 따라 체포되어 화형을 당했다.

이제 루터는 면죄부의 판매를 승인한 교황의 절대적인 권위에 도전하게 되었다. 루터는 구원은 선한 행위, 자선, 고행 또는 교회의 성례와는 아무 상관이 없으며 오직 믿음에 의해서만(Sola fide) 이루어 진다고 설교했다. 또한 루터는 성례는 개인이 아닌 하나님께 속한 은혜의 수단이라고 주장했다(Sola gratia). 루터는 성경에 있지 않은 로마 교회의 모든 교리를 버려야 한다고 주장함으로써 교회의 권위에 도전했다(Sola scriptura).

찰스 V세는 보름스 국무회의가 있기 2년 전, 19세의 어린 나이에 가장 강력한 신성로마제국의 황제가 되었다. 그는 독일에

---

45) Cary. *Luther*: Gospel, Law, and Reformation Part 1 of 2, 196 - 200.

정착하여 서부의 프랑스와 남부의 오스만 투르크와 싸우는 제국의 지도자였다. 독실한 카톨릭 신자였던 그는 교황의 권력을 적극적으로 심도 있게 옹호했으며 바티칸이 안정되는 것이 그의 관심사였다. 종교적으로 안정되고 통일된 교회를 기반으로 유럽 제국의 통치를 꿈꾸었던 것이다. 보름스 회의에서 그는 루터를 철저히 반대했지만 루터가 안전하게 보름스를 떠나도록 허용하여 루터를 이단자로 처형하지 못하였다. 그는 루터를 몹시 싫어했지만 자신의 제국을 휩쓸고 있는 겸손한 독일 수도사의 종교개혁 운동을 과소평가하고 저지하지 못했다.

그 후 찰스 V세는 남은여생을 프랑스, 독일, 스페인에서 전쟁을 벌이며 보냈다. 당시 세상에서 가장 강력한 인물이었던 찰스 V세는 서 유럽의 정치적 현실에 좌절되어 천하제일의 제국을 이루려는 꿈을 실현시키지 못했다. 그는 또한 마틴 루터의 견해에 격렬하게 반대하여 1529 년에 "개신교도"(Protestant)라는 신조어를 만들었음에도 불구하고 종교 개혁을 멈추지 못했다. 말년에 찰스 V세는 황제를 사임하고 수도사로 마지막 날을 조용히 보냈다. 1558년 그가 죽은 후 프랑스와 평화 조약이 체결되었다.

## 8 크리스챤의 자유

로마 교황청은 루터를 이단자로 기소할 것을 위협하면서 그의 설교를 중단하도록 명령하는 교황의 교서를 1520년 6월 15일에 발행했다. 이 교서는 루터를 체포하고 처벌할 수 있게 하는 것이었다. 루터는 분노하여 반응했다. 루터의 초기 투쟁은 가장 창의적이고 생산적인 것이었다. 군중과 학생들이 루터가 말하는 것을 듣기 위해 비텐베르그로 몰려들었고 그는 12월에 군중 앞에서 교황의 교서와 성서에 있지 않은 교황청의 규범을 불태웠다. 그는 1520년에 가장 잘 알려진 작품 세 가지—『독일 국가의 기독 귀족에게』, 『교회의 바빌로니아 포로에 관하여』 및 『크리스찬의 자유에 관하여』—를 출판하였다.

그의 첫번째 작품인 『독일 국가의 기독 귀족에게』는 실제에 있어서 독일의 기독교 지도자들에게 보내는 것으로 1520년 8월 18일에 출판되었다. 이 논문에서 루터는 처음으로 "모든 신자의 사제설"(Doctrines of the priesthood of all believers)에 대한 교리와 두 왕국론을 설명했다. 모든 신자의 사제설은 "너희는 택하신 족속이요 왕같은 제사장들이요(베드로 전서 2:9)…"하는 성경 말씀과 "저희로 우리 하나님 앞에서 나라의 제사장으로 삼으셨으니(계시록 5:10)…."하는 성서에 근거를 둔 것으로, 이 원칙은 마틴 루터와 존 칼빈의 신학에서 더 세련되어 정확한 의미가 교파마다 다르지만 개신교 교리의 특징 중의 하나이다. 두 왕국론은 영원하신 하나님의 나라와 이 세상 나라에 관한 것이다. "민중의 외침" 또는 "전쟁 트럼펫의 폭발"이라고도 불리는 이 논문은 루터가 로마 교황청과의 단절이 불가피하다는 확신을 얻은 후 처음으로 출판한 간행물이었다.

『교회의 바빌로니아 포로에 관하여』는 10월 6일에 출판되었다. 이 논문에서 그는 "로마 교황청의 세 벽"이라고 생각하는 것을 공격했다. 여기서 "벽"이라는 것은 중세에 있었던 성곽을 의미하는 것으로 당시 영주들은 이 성벽에 둘러 쌓인 성 안에서 스스로를 보호했다. 루터가 말하는 세 벽은 (1) 로마 교황청의 세속적 권위, (2) 교황만이 성경을 설명할 수 있다는 교리 및 (3) 교황 자신 외에는 누구도 교회 총회를 소집 할 수 없다는 것으로 루터는 로마 교회와 교황권이 교회를 포로로 하여 교권을 유지하고 있다고 비난하였다. 이는 이스라엘 백성들이 고국에서 추방당하여 바빌론에서 포로생활을 한 이스라엘 백성의 바빌론 포로 생활과 비유한 것이다. 루터에 따르면 교황은 성사(聖事) 제도와 로마 신학을 통해 교회를 포로로 잡았다는 것이다. 이 논문은 루터에 대한 교황의 교서가 1520년 10월 비텐베르그에 도착했을 무렵 인쇄되어 회람되고 있었는데 교황의 교서와 동시에 준비되고 있었다.

『기독교인의 자유에 관하여』는 1520년 11월 초에 출판되었다. 이 세 번째 논문은 때때로 "기독교인의 자유에 관한 논문"이라고도 불리운다. 루터의 주요 개혁 논문 중에서도 가장 핵심을 이루는 논문으로 종교 개혁의 복음주의 신학을 특징짓는 세 저작 중 하나로 비텐베르그에서 출판되었다. 루터는 자신의 책자에서 기독교인의 자유에 대해 많은 이야기를 했다. 이 책자는 겉보기에 모순되는 것처럼 보이는 두 가지 명제로 시작된다.

> 첫번째 명제: 그리스도인은 완전히 자유롭고 누구에게도 종속되지 않는 모든 사람의 주인이며 아무에게도 제약을 받지 않는다.
> 두번째 명제: 그리스도인은 모든 사람에게 전적으로 충실해야 하며 모든 사람의 종이며 모든 사람에게 복종해야 한다.

여기서 주인과 종의 관계는 고대 그리스 아리스토텔레스의 영주와 하인에 대한 표현을 인용한 것으로 추측된다. 즉, 이해를 쉽게 하기 위한 것으로 “영주가 있으면 하인이 있고 하인이 있으면 주인도 있다”는 논리를 빌린 것이다. 그리스도와 바울의 논리를 따르는 루터의 기독교인의 자유에 대한 파라독시칼한 가르침은 그리스도와 종이 한 사람으로 하나가 된다. 오직 믿음으로 하나님은 사람을 그리스도 안에서 완전하게 하고 자유케 하신다. 그는 누구에게도 종속되지 않는 모든 것의 주인이 된다. 그러나 사랑은 그를 모든 사람에게 복종하게 하며 이웃에게 전적으로 충실한 종으로 묶는다. 크리스찬의 자유에 관한 패러다임과 역설은 믿음과 사랑에서 펼쳐진다.

루터는 그리스도의 구원 효과를 그리스도인에게 적용할 때 그리스도의 인격 및 일의 모든 것을 본다. 루터의 이 논문은 완전히 용서받은 하나님의 자녀로서 그리스도인들은 구원을 얻기 위해 더 이상 하나님의 법을 지키도록 강요받지 않는다는 개념을 발전시켰다. 그러나 그들은 자유롭게 그리고 기꺼이 하나님과 이웃을 섬긴다. 이 논문에서 루터는 "그리스도인은 누구에게도 복종하지 않는 완전한 자유의 주인이다. 그러나 기독교인은 모든 사람에게 복종하며 모든 사람의 완전한 의무의 종이다"라고 말한다. 이는 “내가 모든 사람에게 자유하였으나 스스로 모든 사람에게 종이 된 것은 더 많은 사람을 얻고자 함이라”는 고린도전서 9장 19절 말씀에 근거하고 있다. 루터는 “피차 사랑의 빚 외에는 아무에게든지 아무 빚도 지지 말라”는 로마서 13장 8절 말씀을 들어 사랑은 본질적으로 사랑받는 사람을 섬기고 복종할 준비가 되어 있어야 한다고 말한다. 그래서 그리스도는 만물의 주인이셨지만 “여자에게서 나고 율법 아래서 났다(갈. 4: 4)”는 말씀은 구속을 받는다는 것을 의미한다. 그리스도는 우리를 자유롭게 하기 위하여 스스로 구속을 받으셨다. "그는 하느님의 본체이시나 …자기를 비어 종의 형체를 가진 사람들과 같이 되었다(빌 2:6-7)"는 말씀은 그리스도께서 자유인이자 종이었다는 말씀을 상기시킨다.

루터의 자유에 관한 논문은 그리스도의 신비에 대한 루터의 종교 개혁의 이해를 가장 완벽하게 표현한 것이다. 기독교인의 자유는 간단히 말해서 그리스도인의 고백이다. 그리스도께서 우리로 자유케 하려고 자유를 주셨으니(갈라디아서 5 : 1)…"그리스도인의 자유는 그리스도 자신이 주신 선물이다. 하나님은 오직 믿음으로 죄인을 의롭게 하신다. 죄인은 그리스도를 닮은 후에 내면과 겉 사람이 변화된다. 그리스도인은 믿음에서 완전히 자유롭고 사랑의 일에서 모든 사람의 종이 된다.

그리스도는 완전한 자유인이었으나 그분은 또한 그분의 피조물을 섬기고 그들에게 구원을 주기 위해 율법 아래 자신을 묶었다. 그리스도의 구원의 모범은 그리스도인의 자유의 형태가 된다. 선물로 그냥 받은 믿음으로 인하여 우리는 아무것도 하지 않고 자유인이 되었다. 그러면 우리는 그 자유로 무엇을 할 것인가? 로마 카톨릭은 믿음에 더하여 선행을 하여야 한다고 가르친다. 그러나 루터는 구원받기 위하여 믿음 외에 하나님 앞에서 선행이 필요 없다고 주장한다. 하나님께서 우리의 선행이 필요한 것이 아니다. 선행이 필요한 것은 우리의 이웃이다. 우리는 자유 함을 거저 받았으니 그 자유함으로 스스로 이웃에 봉사하여야 한다.

기독교인의 삶은 믿음과 사랑의 두 쌍극 사이에서 살아가고 있다. 이것은 루터가 교회에 가르쳤던 역설적인 기독교의 자유이다. 이것이 역설적인 그리스도인의 자유이다.

# 제 4 장

④

④ 칼빈이 1559년에 설립한 제네바 아카데미
https://en.wikipedia.org/wiki/College Calvin. 5/2/2021 검색

## 개혁 신학의 발전

루터는 95개 논제를 발표할 당시 새로 생긴 비텐베르그 대학의 평범한 신학 교수였다. 그는 95개 논제를 발표하면서 종교 개혁이라는 거대한 성사나 교황에 대한 항의는 생각지도 않았다. 단지 당시 관행에서 볼 때 잘못된 면죄부의 판매를 시정하려 하였던 것이다. 그러나 이 평범한 신학 교수의 논제 발표가 종교 개혁은 물론이지만 당시 사회적, 정치적, 지적 개혁을 성취하여 인류 역사(歷史)의 방향을 바꾸어 놓은 큰 역사(役事)가 되었다. 필자는 당시의 사태를 종교 개혁이라고 표현하기 보다는 개혁이라는 표현이 더 실제에 가깝다고 생각한다.

루터는 스토던하임(Stotternheim) 외곽의 숲속에서 생명을 위협하는 폭풍우를 맞으며 수도사가 되기를 기도한 이후로 수도사가 되었지만 그는 자신이 하나님 앞에서 정죄받았다고 생각했다. 어떤 신학자는 루터가 스토던하임에서 폭풍우를 맞은 경험을 바울의 다메섹으로 가는 길에서의 경험과 비유하기도 한다. 루터는 수도원의 수도사가 된 후 스스로 자신을 고문하기도 하고, 금식도 하고, 뼈까지 얼어붙는 추운 겨울에 맨 바닥에 앉아 명상도 하고 기도하며, 스스로를 채찍질하여 피가 날 정도였다고 한다. 이렇게 스스로를 괴롭히면서 그는 하나님과 옳바른 관계를 수립하기 위하여 많은 노력을 기울였지만 하나님과의 평화를 찾을 수 없었다. 루터가 "나는 하나님을 미워한다"고 외쳤을 때 그의 스승이며 후견인인 스타우피츠는 "네가 미워하는 것은 하나님이 아니라 그의 교회"라고 위로했다. 이러한 정신적 갈등 상태를, 루터는 독일인이기에, 독일말로 안훽퉁(Anfechtung:외부적으로 스스로를 괴롭히는 것)이라고 한다고 한다.

루터가 아우구스티누스 수도원에서 그의 스승이며 평생 후견인이었던 스타우피츠(Johann von Staupitz)를 만난 것은 하나님의 섭리와 축복이었다. 스타우피츠는 점진적으로 루터가 자신의 생각을 정리하고 바르게 하는데 도움을 주었다. 루터는 교회의 잘못에 대하여 하나님을 원망하는 것이 옳지 않다고 느끼기 시작했다. 루터는 젊고 열심히 공부하는 지적인 학자였으며 비텐베르그 대학에서 스타우피츠의 신학 교수직을 계승했다.

많은 개혁 주의 학자들은 루터가 자신의 95개조 논제(論題)를 비텐베르그 교회 문에 못 박아 발표했을 때 종교 개혁이 시작되었다고 생각하지 않고 오히려 성경에서 하나님의 의를 새롭게 발견했을 때였다고 주장하기도 한다. 어느 날 루터는 비텐베르그 수도원에 있는 그의 탑 사무실에서 강의와 설교를 준비하면서 바울이 로마인들에게 보낸 편지인 로마서를 읽으면서 다음과 같은 내용을 접하게 되었다.

> 내가 복음을 부끄러워하지 아니하노니 이 복음은 모든 믿는자에게 구원을 주시는 하나님의 능력이 됨이라. 첫째는 유대인에게요 또한 헬라인에게로다. 복음에는 하나님의 의가 나타나서 믿음으로 믿음에 이르게 하나니 기록된 바 오직 의인은 믿음으로 말미암아 살리라 함과 같으니라(로마서 1:16, 17).

이 말씀을 읽으면서 루터에게 갑자기 돌파구가 생겼다. 루터는 하나님은 심판대에 앉으셔서 죄인과 의인을 구별하시는 무서운 분으로 생각했는데, 이제 새롭게 관대하시고 신실하시며 용서하시는 인자로운 하나님을 발견한 것이다. 루터는 이전에는 하나님의 의(義)로우심이 죄인을 심판하지 않을 수 없다고 생각했다. 그러나 이제 그는 인간에 대한 하나님의 풍성한 사랑이 자신의 아들을 처벌함으로써 인간이 받아야 할 벌을 예수가 대신 받게 하셨다는 것을 깨닫게 되었다. 이에 대하여 루터가 해야 할 일은 하나님께서 예수 그리스도를 통해 인간의 죄에 대한 대가를 치르셨다는 그 사실을 믿고 받아들이는 것 뿐이었다. 하나님께서는 우리를 의롭게 하시기 위하여 그분의 아들 예수 그리스도를 보내셨다. 우리가 이 사실을 받아들일 때 하나님께서 보시는 우리는 죄인이 아니다. 하나님 앞에 의인—용서 받은 죄인—이 되는 것이다. 하나님께서 우리를 보시는 기준이 달라지는 것이다. 예수님은 율법을 다 지키셨고 아무 잘못도 하지 않으셨지만 우리의 죄 값을 대신 치르기 위해 십자가에 못 박히시고 죽으셨다. 그런 다음 하나님은 그를 부활시켜 사시게 하셨다. 하나님이 하신 이 일은 어떤 것으로도 그 대가를 치를 수 없고 오직 믿음으로 이 사실을 받아들이는 것뿐이다. 우리가 이 사실을 받아들일 때 우리는 하나님 앞에 용서 받은 의인이 된다. 그러므로 의롭게 되는 것은 어떤 행위로가 아닌 오직 믿음으로만 의롭다함을 받는다는 것을 깨달았다.[46]

일부 학자들은 루터가 수도원의 탑골 방에서 복음을 발견한 이 체험을 "탑에서의 체험"(Tower Experience) 이라고 부른다.

---

46) Jack Kilcrease, and Erwin Lutzer. Martin Luther in His own Words (Grand Rapid MI: Baker Books, 2017), 17 - 18.

루터 자신은 자기가 95개 논제를 발표한지 2년 후인 1519년의 일이라고 기록했다. 루터는 구원이 하나님의 의인에 대한 보상이 아니라 죄인에 대한 하나님의 선물임을 깨달았다. 사람은 선한 일로 구원받는 것이 아니라 그리스도를 통해 하나님의 은혜를 받아들임으로써 구원을 받는다는 것이다. 믿음에 의하여 의로워 진다는 신앙은 종교 개혁 신학의 핵심 교리이다.[47]

우리는 학교에 다닐 때 공부하면서 어려운 수학 문제나 과학 문제를 풀기 위하여 애를 쓰다가 갑자기 해답이 바로 거기에 있는 것을 발견한 일이 있다. 이럴 때 우리는 "아하!"하고 무릎을 쳤다. 새 복음을 발견한 루터의 심정이 그랬으리라고 짐작 된다—"아하!"하고 루터는 무릎을 쳤다. 앞서 필자는 "루터의 복음"이라는 표현을 썼다. 엄밀히 말하여 이것은 잘못된 표현이다. 루터의 복음이 아니라 예수 그리스도의 복음이다. "아하 복음"이라고 불렀으면 더 재미있지 않을까 한다.

## 1 개혁신학의 세 쏠라

개혁신학에 세 가지 쏠라(Three Solas)[48]라는 것이 있다. "Sola"는 영어의 "only" 즉 "오직"을 의미하는 라틴어이다. "세 가지 솔라"는 개혁 신학의 기본 신학 원리—오직 성경만으로(Sola Scriptura), 오직 은혜로(Sola Gratia), 및 오직 믿음만으로(Sola Fide )—이다. 종교 개혁의 신학적 근거는 이렇게 단순하였으며 이 세 가지 쏠라는 루터 시대에는 체계적으로 표현되지 않았다.

---

47) Cary. *Luther*: Gospel, Law, and Reformation Part 1 of 2, 69 - 71.
48) Solas는 복수(複數)이며 이의 단수(單數)는 Sola이다.

그러나 이 세 가지 쏠라는 루터교와 개혁 신학의 독특한 교리이다. 초기의 쏠라 표현에서 이 세 가지는 일반적으로 —전통보다는 성경, 행위 보다는 믿음, 그리고 하나님의 은혜— 이 세 가지를 말하는 것으로 개혁 신앙의 기본 교리이다. 이 세 가지 교리는 카톨릭 교회의 교리와 개신교 교리 사이의 중요한 차이점을 이루기도 한다.

이러한 원칙은 1530년 아우크스부르그(Augsburg) 에서 채택된 아우크스부르그 고백서(Augsburg Confession)에 명시되어 있다. 이 신앙 고백은 루터교 지도부가 찰스 5세 황제에게 제출한 것으로 이때 공식화된 루터교 교회의 기본 신앙 고백서이다. 이의 주요 저자는 필립 멜란히톤(Philipp Melanchthon)이었으며 물론 루터도 동의하였다.

독일어와 라틴어로 쓰여진 이 신앙 고백은 루터교 교회의 주요 신앙 고백이며 루터교 개혁의 가장 중요한 문서 중 하나이다. 당시 그 목적은 루터교인들을 방어하고 로마 카톨릭 신자들이 받아들일 수 있는 신학적 통합을 형성하는 것이었다. 아우크스부르그 신앙 고백이 찰스 V세에게 전달되었을 때 그는 이를 받아들이지 않았다. 이 신앙고백서는 종종 루터 교회를 가름하는 하나의 기본 신앙 고백서이다.

루터교의 신학자인 테오도어 엥겔더(Theodore Engelder) 가 1916년에 "개혁의 세 가지 원칙 : Sola Scriptura, Sola Gratia, Sola Fides"("오직 성경, 오직 은혜, 오직 믿음")이라는 기사를 발표하면서 이 세 솔라가 체계적으로 표현되기 시작했다. 그 내용을 다음 절에서 설명한다.

쏠라 스크립투라(Sola Scriptura: 영어로 by Scripture Alone)는 "오직 성경"이라는 라틴어이다. 이것은 루터가 종교 개혁을 이끄는 주요 교리였다. 어떤 독자는"성경이 루터에게 왜 그토록 중요 했습니까?"하고 반문할 수가 있다. 성경의 우위를 주장하는 것은 신앙적 이유는 물론이지만 정치적으로 그리고 영적으로 이점을 가지고 있다. 당시 카톨릭 교회는 교황과 전통을 성경보다 우위에 두었는데 이에 반하여 성경이 교황이 가진 권위보다 더 우위에 있다는 것은 성서의 중요한 원리로서 개혁의 표어가 되기도 한다.

전통은 이전 세대로 부터 계승되는 것이다. 신조는 초기 교회 교부들이 공식화한 성경에 기초한 기독교 전통의 교리적 표현이다. 성경은 교황에게 양심을 가져다준다. 양심은 사람이 하나님 앞에 서 있는 것에 대한 감각을 의미한다. 성경은 양심에 대해 알리고 말한다. 성령님은 홀로 성경의 핵심 원리인 교회를 가르치고 인도하신다. 오직 하나님의 말씀만이 사람과 하나님과의 관계를 확립한다. 교황의 권위는 전통과 신조에 의해 계승된 것이다. 전통이 틀릴 수 있고, 신조가 틀릴 수 있으며, 교회가 틀릴 수 있지만 성경은 틀릴 수 없다. 인간에게 전통에 대한 권위는 있지만 이는 독립적인 권위가 아니다. 성경은 하나님의 영감으로 된 말씀이기 때문에 성경만이 교회를 위한 무오하고 충분하며 최종적인 권위이다.[49][50]

---

49) Phjllip Cary. *Luther*: Gospel, Law, and Reformation Part 2 of 2 (Chantilly, VA: The Teaching Company, 2004), 78 - 81.

50) Mathew Barrett. *God's Word Alone*: The Authority of Scripture (Grand

오직 성경은 당신이 오직 혼자라는 것을 의미하지는 않는다. 성경은 혼자이지만 우리가 성경만 가지고 혼자 있는 것은 아니다. 오직 성경의 교리는 성경이 교회의 전통을 지배해야 한다고 주장한다. 모든 교회의 전통, 신조 및 가르침은 신성하게 영감을 받은 하나님의 말씀인 성경의 가르침과 일치해야 한다. 성경은 성경이 그 자체를 해석할 수 있다고 주장한다. 이 원리는 디모데 후서 3:16에 기초한다. "모든 성경은 하나님의 감동으로 된 것으로 교훈과 책망과 바르게 함과 의로 교육하기에 유익하니" 성경은 스스로 해석할 수 있으며 성경 전체는 신자를 하나로 융합하는 수단이다. 이 특별한 쏠라는 물리적 원인이며 원리의 근원이자 규범이기 때문에 때때로 종교 개혁의 공식적인 원리라고 불리운다. 성경은 하나님을 떠나 단독으로 있지 않다. 오히려 구원을 위해 자신을 드러내는 하나님의 도구이다.

복음 주의자들은 성경이 말할 때 하나님이 말씀하신다고 고백한다. 성경만이 삶과 교리의 궁극적인 권위이다. 개혁 신학은 무엇보다도 성경의 권위에 대한 교회의 명시적인 헌신 없이는 살아남을 수 없다. 개혁자들은 Sola Scriptura가 교회 생활에 필수적이라고 믿는다. 교리는 그리스도인이 듣고 따라야 할 다른 중요한 권위가 있음을 인정한다. 그러나 성경은 다른 모든 권위를 다스리는 우리의 최종적이며 최고의 권위이다. 우리는 교회 전통과 교회 교직자들이 사역의 역할을 하는 반면, 오직 성경 만이 최고의 권위라고 말한다. 이것은 다른 모든 권위가 성경과 일치하고 성경에 순응할 때에만 그 권위를 따라야 함을 의미한

Rapid, MI, 2016), 23- 27.

다. 성령은 "선지자를 통해 말씀하셨다." 성령은 성경의 저자이다. 선지자와 사도적 성경은 선지자와 사도들이 기록한 대로 진실이다.

하나님의 말씀인 성경은 하나님의 완전한 권세를 지니고 있다. 성경의 모든 말씀은 절대적이고 제한 없는 순응을 요구한다. 성경의 모든 교리는 하나님의 가르침이므로 완전히 순응하여야 한다. 성경의 모든 약속은 그 약속의 성취에 대해 흔들리지 않는 신뢰를 요구한다. 성경의 모든 말씀은 하나님 자신의 지시이므로 기꺼이 준수해야 한다. 성경은 기독교 신앙의 모든 교리와 명령을 명확하게 제시한다. 하나님의 말씀은 특별한 교육 없이도 평범한 지식을 소유한 모든 독자나 청중이 자유롭게 접근할 수 있다. 성경은 성령의 능력과 결합되어 있으며, 성령에 의해 그 가르침을 받아들이게 한다. 성경의 가르침은 믿음과 순종을 갖게 한다. 그것은 논리적 논증에 기초하여 그 교리에 대한 단순한 지적 동의를 강요하는 것이 아니라, 오히려 살아있는 믿음의 합의를 만든다.

성경은 구원을 얻고 그리스도인의 바른 삶을 살기 위해 알아야 할 모든 것을 담고 있다. 성경에는 전통, 교황의 선언, 새로운 계시, 또는 현세의 교리 발전으로 채워져야 하는 수정이 필요 없다. 성경은 우리의 최고의 권위일 뿐 아니라 신자들에게 구원과 그리스도를 따를 수 있게 하는 충분한 권위이다. 그러므로 성경은 믿음과 실천에 부족함이 없다. 성경적 권위의 근거는 신성한 하나님의 영감이다. 성경과 전통이 아니라 성경만이 교회의 최종적이고 완벽한 권위이다. 성경이 말하는 것, 하나님은 말한다. 성경이 말하는 것은 하나님이 말씀하는 것이다. "오직 성경만이"를 충분히 이해하려면 성경이 하나님의 영감을 받았다고 말하는 것 이상으로 나아 가야한다. 영감은 성경이 완전하고 흠이 없고 무오하다는 이해로 이어져야 한다. 성경의 무오성은 성령의 인도이며 신성한 영감의 결과이기 때문에 분리할 수 없이 연결되어 있으며 그것은 성경의 독립성의 필수적 구성 요소이다.

### 1.2 쏠라 그라티아

쏠라 그라티아(Sola Gratia)는 "Grace Alone"을 의미하는 라틴어로서 "오직 은혜"라는 뜻이다. 오직 하나님의 은혜로서 우리가 구원을 받고 하나님의 자녀가 된다는 뜻이다. 은혜는 만들어 진 피조물이 아니라 하나님의 사랑과 자비이다. 하나님은 은혜 그 자체로서, 인간에게 은혜를 주시기를 원하신다. 이것은 우리가 받을 자격이 있기 때문이 아니라 단순히 하나님은 은혜 그 자체이기 때문이다. 은혜는 죄인의 구원에 나타난 하나님의 속성이다. 은혜는 그 어떠한 종류의 피조물이 아니라 하나님 자신이시다. 은혜는 사람에게서 난 것이 아니라 하나님에게 있는 은총이다.

우리는 "노아가 하나님께 은혜를 입었다(창세기 6:8)"는 말을 한다. 은혜는 죄인에 대한 하나님의 과분한 애착이다. 은혜는 죄에서 길을 잃은 사람들에 대한 하나님의 성품이다. 너희가 그 은혜로 인하여 믿음으로 말미암아 믿음으로 구원을 얻었나니 이것은 너희에게서 난 것이 아니요 하나님의 선물이라. 행위에서

난 것이 아니니 이는 누구든지 자랑치 못하게 함이다(에베서 2:8-9)"고 성경은 말한다. 구원을 받은 것은 은혜로 말미암은 것이니 이는 우리 스스로에 의한 것이 아니라 하나님의 은사이며 행위로서가 아니니 아무도 자랑할 수 없게 하려 함이다. 구원은 우리 안에 있는 선한 것이 아니라 하나님의 관용과 자비에 근거한 것임을 천명하는 것이다.

쏠라 그라티아는 우리 구원의 총체가 하나님의 은혜의 단순한 선물임을 인정하는 것이다. 죄인은 오직 성경(Sola Scriptura)에서, 우리에게 계시된 진리인 "오직 믿음"(Faith Alone·Sola Fide)을 통해 오직 은혜(Grace Alone: Sola Gratia)로 인하여 의롭게 된다. Sola Gratia 또는 Grace Alone의 구원의 진실은 존 뉴톤(John Newton)이 멋진 찬송가 405장 "나 같은 죄인 살리신"(Amazing Grace)를 작곡하도록 영감을 준 것이다.

> 놀라운 은혜! 얼마나 달콤한 소리,
> 그것은 나 같이 천한 사람을 구했다!

"나 같은 천한 사람을 구할 수 있을 만큼 놀라운 은혜이다!" 하나님께서는 "우리가 아직 죄인 되었을 때에 그리스도께서 우리를 위해 죽으심으로"(롬 5:8) 우리가 의인이 되게 하셨다. Sola Gratia는 복음이 "좋은 소식"임을 만드는 것이다. 좋은 소식은 하나님이 죄인을 찾으신다는 것이다. 예수님은 "잃어버린 자를 찾아 구원하기 위해"(누가 복음 19:10) 오셨다고 말씀하신다. 우리를 구원하기 위하여 먼저 행하시는 분은 하나님이다.

은혜는 아담과 하와의 타락에 대한 하나님의 응답이며 항상 그 맥락에서 이해되어야 한다. 아담과 이브가 타락한 후 에덴에서 쫓겨났기 때문에 하나님은 그들을 즉각적인 죽음에서 구하기 시작하셨다. 죄에 대한 이해는 필연적으로 은혜에 대한 이해로 이어지고, 은혜에 대한 이해는 죄에 대한 생각을 드러낸다. 에덴에서의 타락과 타락의 파괴적이고 만연한 영향을 충분히 인식할 때, 우리는 근본적인 문제를 해결하기 위해 은혜가 필요하다는 것을 분명히 인식할 수 있게 된다. Sola Gratia는 우리의 구원에 대한 진정한 확신을 준다. 성경은 그리스도께서 오셔서 완전한 삶을 살았고 십자가에서 죽으시고 죽음에서 부활 하셔서 타락한 죄인들에게 새 생명을 주시고 그들을 죄에서 구원하시고 그들에게 영생을 주셨다는 "좋은 소식"을 제시한다. 이로 인하여 예수님께서는 아버지께서 주신 모든 것을 잃지 않으시고 마지막 날에 일으켜 주실 것임을 알 수 있는 이유이다(요 6:39). 하나님은 타락한 인류를 구하기를 원하셨다. 이것은 예수께서 인간이 되어야만 가능했다.

은혜는 하나님의 단순한 감정이 아니다. 하나님은 인류의 죄를 간과하고 타락한 아담과 이브를 아무 일도 없었던 것처럼 대할 수는 없었다. 에덴에서 볼 수 있는 것은 하나님의 창조의 원래 목적이 깨졌다는 것이다. 아담의 반역 때문에 우리도 에덴 밖에서 반란으로 살고 있다. 죄는 인간에게 속죄를 요구하기 때문에 이것은 우리의 정죄와 죽음을 의미한다. 그러므로 우리를 구속하기 위해서는 은혜가 필요하다. 은혜에 대한 성경적 이해는 구약의 희생 시스템의 맥락과 예수 그리스도의 사역에서 궁극적인 성취와 절정에 대한 이해를 동반해야 한다. 아담이 문제의 근원이었으므로 그리스도가 해결책을 마련한 것이다.

은혜는 하나님께서 주시는 선물이지만 그리스도의 고통과 죽음으로 비극적인 대가를 치루어야 했다. 그것은 성스러운 태도이며 신성한 행동이다. 하나님께서는 인류가 타락한 비극적인 상황에서 우리를 구원하기 위해 우리의 반역 앞에서도 우리에게 은혜를 주셨다. 그러므로 이 모든 것이 그리스도인의 삶에 실질적인 영향을 미쳐야 한다. 은혜는 우리가 원하는 대로 할 수 있는 사면이 아니다. 은혜는 예수께서 치루어야 하는 수치와 고통, 대가를 필요로 했다. 그것은 우리의 가장 깊은 상처를 치유하고 인간의 가장 깊은 갈망을 충족시킨다. 그리고 교회의 모든 역사에서 16세기의 수도사인 마틴 루터보다 더 분명하게 이 사실을 교회에 알린 사람은 없다. 그러나 루터의 신학이 진공속에서 새로 창조된 것은 아니다. 루터 이전에 토마스 아퀴나스가 있었고 그 이전에는 성 어거스틴이 있었고 그 이전에는 바울 사도가 있었다. 이와 같이 우리의 믿음은 하나님의 사람을 통하여 이어지는 역사적 뿌리가 있다. 그 뿌리에는 많은 순교가 있었다. 그러나 우리 신앙의 뿌리를 순교에서 찾는 것 보다는 하나님의 은혜의 뿌리에서 찾는 것이 더 옳을 것 같다. 결국 하나님의 은혜는 하나님의 사람을 통하여 세대를 두고 이어지고 있다고 하겠다.

루터는 분명 은혜에 대하여 어거스틴의 신앙을 이어 받았다. 그는 분명코 은혜와 그리스도와 의로워 짐의 관계의 중요성을 정립하였다. 개혁자들은 구원에 관한 성경의 가르침에서 하나님의 은혜의 중요성을 이해했다. 그리스도인은 오직 하나님의 은혜로 구원을 받는다. 종교 개혁의 교리는 죄인이 하나님의 은총, 그분의 무한한 은혜로 구원 받았다고 주장한다. 은혜는 합당하지 않은 인간에게 주신 하나님의 주권적인 선물이다.

바울은 "당신은 은혜로 구원을 받았다"는 사실을 강조한다. 그리스도인들은 구원하시는 하나님의 은혜를 찬양하는 것을 좋아한다. 요한은 예수님의 "그의 은혜의 충만함으로 받으니 은혜 위에 은혜로다"(요한복음 1:16)라고 말한다. 믿음은 하나님의 은혜에 대한 살아있고 흔들리지 않는 확신이다. 누군가가 그것을 위해 먼저 죽으셨다.

신약 성경의 많은 서신은 예수의 은혜가 그분의 백성과 함께 하기를 바라는 저자의 소망을 표현하는 것으로 시작하고 그것으로 끝난다. 성경의 마지막 말씀은 다음과 같다.

> 주 예수의 은혜가 모든 자들에게 있을 지어다. 아멘(계 22:21).

## 1. 3 쏠라 휘데

라틴어 쏠라 휘데(Sola Fide)는 오직 믿음만으로(영어로 Faith Alone), 또는 오직 믿음만으로 의로워 진다(Justification by faith alone)는 개신교 개혁 주의 신학의 기본 교리이다. 이 교리를 바로 이해하기 위하여는 개신교 신학이 근거를 두고 있는 복음을 이해하여야 한다. 그러면 복음이란 무엇인가? 복음은 "예수는 하나님의 아들로서 동정녀 마리아에게 나시고 본디오 빌라도에게 고난을 받으사 십자가에 달려 돌아 가셨으며 장사한지 사흘 만에 살아나시고 하늘에 오르사 하나님 우편에 앉아 계신다"는 예수님에 관한 이야기이다. 복음은 그리스어로 에방겔리온(Evangelion)이라고 하는데 Good New(좋은 소식)이라는 뜻이다. 이 복음은 개신교 신자는 물론이지만 로마 카톨릭, 동방 정교회의 모든 교도들이 주일 아침에 암송한다. 이 점에 있어서는 모든 기독교 신자들이 하나로 일치한다.

여기서 한 가지 주목하여야 하는 것은 이 복음은 그리스도에 관한 이야기라는 것이다. 그리스도께서 죽으시고 다시 살아 나셨다는 그리스도에 관한 이야기이다. 이 복음은 인간을 위한 것이지만 우리는 아무것도 하지 않는다. 우리는 이 주제(主題)의 목적어(目的語)이지 주어(主語)가 아니며 우리를 위한 것이지만 우리는 아무것도 하지 않는다. 그리스도가 주어(主語)로서 주께서 하시는 일에 대한 이야기이다. 여기서 한 가지 주목하여야 할 것이 있다. 그것은 "나를 위하여"라는 것이다. "나를 위하여!"

우리가 잘 아는 예수님이 십자가에 달리시기 전의 마지막 만찬을 생각하여 보자. 예수님께서는 떡을 떼어 제자들에게 주시며 가라사대 "받아 먹으라 이것은 너희를 위하여 주는 내 몸이다"고 하셨다(마 26:26). 또 잔을 가지사 가라사대 "이것은 나의 피니 너희가 다 이것을 마시라"고 하셨다(마 26;27). 예수님은 우리에게 살과 피를 주셨다. 그러나 우리는 이에 대하여 아무것도 하지 않는다. 그저 받아먹고 마신다.

복음에 대한 개혁교리의 가장 기본적인 것은 오직 믿음으로만 의로워 진다(Justification by faith alone)는 것이다. 앞서 말한 바와 같이 복음에 있어서는 개신교와 로마 카톨릭을 비롯한 모든 교회가 일치하지만 복음에 대한 교리를 설명할 때는 엄청난 차이를 가진다. 오직 믿음으로만 의로워 진다는 것이 무엇이기에 그렇게 개신교와 로마 카톨릭 교회가 차이를 이루는가?

복음에는 복음 자체에 대한 내용과 복음에 대한 신조(信條)가 있다. 복음 자체에 있어서 개신교와 로마 카톨릭 사이에 아무런 문제가 없지만 그 신조에 있어서 개신교와 로마 카톨릭 사이에는 두 교회를 분리되게 하지 않을 수 없는 엄청난 차이가 있다.

개신교 복음의 기본 교리는 믿음에 의하여만 의로워 진다는 것이다. 복음을 믿기만 하면 되는 것이다. 이것이 믿음으로만 의로워 진다는 개신교의 기본 중심 교리이다. 한국에서 한자로 이신득의(以信得義)라고 말하지만 본 필자는 여기에 약간의 미련이 있다. 이신득의는 "믿음으로 의로워 진다"는 뜻이기에 곰곰히 생각해 보면 혹시 다른 방법으로도 의로워 질 수 있지 않을가? 하는 것이다. 이신득의에는 믿음으로 "만"하는 "만"의 뜻이 들어 있지가 않아 아쉽다.

사람에게는 자신을 의롭게 할 아무런 능력이 없다. 어떤 노력으로도 의로워 질 수가 없다. 오직 믿음으로"만" 의 로워 지는 것이다. 루터교와 개신교 신학자들이 "믿음으로만 의 로워 진다"는 생각을 때때로 "의로움 만으로의 교리(Doctrine of Justification Alone)"라고 부른다. "믿음에 의해서만"은 개신교를 카톨릭 교회와 구별하는 개혁주의 신학의 기본 교리이다. Sola Fide의 교리는 죄인에 의한 모든 "행위"가 의로워 지는 데에는 아무 소용이 없으며, 죄를 지은 죄인에 대한 하나님의 용서가 믿음으로 만 주어지고 받아 들여 진다고 주장한다.

신자들은 율법의 행위로서가 아니라 믿음으로만 의롭게 된다.

성경은 아브라함이 믿음으로 의롭게 되었다는 것을 기록하고 있다(로마서 4:2-3, 갈라디아서 3:6, 창세기 15:6 참조). 하나님께서 아브라함을 의롭다고 부르신 것은 아담의 행위가 의로워서가 아니다. 하나님께서 아담을 의롭다고 부르셨기에 아담이 의로워 진 것이다. 그러면 하나님이 왜 아담을 의롭다고 부르셨는가? 아담이 하나님을 믿었기 때문이었다. 하나님은 우리에게 믿음을 무상으로 주신다. 그것은 인간의 성취에 대한 보상이 아니라 하나님께서 인간에게 주시는 선물이다.

루터는 1510년부터 1520년까지 비텐베르크 대학교에서 시편, 히브리서, 로마서, 갈라디아서에 대해 강의했다. 그는 성경의 이 부분들을 연구하면서 참회와 의로워짐과 같은 용어가 사용되는 것을 알아차리기 시작했다. 강의를 위하여 준비하면서 그는 믿음에 의하여 의로워 진다는 그의 생각이 결정적으로 싹 트기 시작한 것을 느끼기 시작했다. 루터에게 이신칭의(以信稱義)만의 교리는 하나님이 인간의 믿음을 보고 죄인을 의롭다고 선언하는 하나님의 행위를 말한다. 루터는 구원이 오직 예수님을 믿어야만 얻을 수 있는 하나님의 은혜의 선물이라고 가르치기 시작했다. 그는 또한 이 교리를 "교회가 바로 서느냐 또는 넘어 지느냐에 대한, 즉 교회의 입지와 타락에 대한 기준"이라고 불렀다.

루터는 칭의(稱義)는 전적으로 하나님께서 하시는 것으로 이해하게 되었다. 하나님의 의가 복음에 언급될 때 예수 그리스도를 믿는 불의한 죄인을 의롭다고 선언하는 것은 하나님의 일이다. 사람이 의롭게 되는—의롭다고 선언되는—의(義)는 사람의 것이 아니라 그리스도의 것이다. 루터는 "믿음만이 누군가를 의롭게 만들고 율법을 성취하게 하는 이유입니다"라고 말했다. "신앙은 그리스도의 공로로 인하여 성령을 가져온다." 따라서 루터에게 믿음은 하나님의 선물이다. 이 믿음은 그리스도의의 의를 붙잡고 그것을 믿는 자에게 적용된다. 루터교인들에게 칭의는 그리스도인들이 거룩하게 성장할 수 있는 힘을 제공한다. 그러한 성장은 신자가 거룩한 세례를 통해 그리스도 안에서 새로운 피조물이 된 후에야 온다. 신자의 발전과 성장은 이생에서 끝나지 않는다. 그리스도인은 항상 "성자인 동시에 죄인"이다. 우리는 그리스도에 의하여 하나님 보시기에 거룩하고 아버지를 기쁘시게하는 일을 하기 때문에 의인(義人)이라고 불리우게 되었다. 그러나 동시에 우리는 또한 죽을 때까지 계속 죄를 짓기 때문에 죄인이다. 간단히 말해서 용서받은 죄인이다. 개혁 교회의 칭의(稱義) 교리는 종종 법의학적 칭의(Forensic Justification) 라고 불리운다. 즉, 우리는 율법적 의미에서 하나님에 의해 법적으로 의롭다고 일컬어지게 되는 것이다.

## 2 다섯 가지 쏠라

일부 개혁 신학자들은 앞서 기술한 세가지 쏠라에 오직 그리스도(Solus Christus: Christ Alone)와 오직 하나님께만 영광을(Soli Deo Gloria: Glory to God Alone) 더하여 다섯 쏠라를 만들기도 한다. 루터교 신학교(Institute of Lutheran Theology)의 잭 킬크리즈(Jack Kilcrease) 교수는 그의 저서에서 "오직 그리스도"를 의미하는 솔루스 크리스투스와 "오직 하느님께만 영광"을 의미하는 솔리 데오 글로리아를 포함하는 다섯 솔라를 자세히 설명한다.

### 2.1 오직 그리스도(Solo Christo: Christ Alone)

오직 그리스도는 그리스도가 하나님과 사람 사이의 유일한 중개자이며 다른 사람을 통한 구원이 없다는 가르침이다. 이 원칙은 복음을 공개적으로 선포하고 성례를 집행하는 거룩한 사역의 직분을 부인하지 않는다. 이 전통에서 사죄는 참회자와 하나님 사이의 매개체로서 사제와 교회가 아니라 그리스도의 용서에 대한 믿음을 통해 참회자와 하나님이 직접 화해한다.

### 2.2 하나님께만 영광(Soli Deo Gloria: Glory to God only)

"하나님께만 영광"은 모든 영광은 오직 하나님께만 있어야 한다는 가르침이다. 구원은 오직 하나님의 뜻과 행동을 통해서만 이루어지기 때문이다. 즉, 선한 일로 그런 사람을 높이는 것이 아니라, 사람과 선한 일의 저자이신 하나님께 찬양하고 영광을 돌리는 것이다. 침례교나 장로교와 같은 개혁 주의 전통을 따르는 많은 개신교회는 십자가에서의 그리스도의 희생을 절하하는 천사나 성도에 대한 언급을 피하며 예수의 어머니인 마리아나 성자들에 대한 숭배를 반대한다.

## 3 개혁 신학의 다섯 가지 요점

개혁 신학은 초기에 독일의 루터와 스위스의 쯔윙글리에 의하여 싹트고 발전하였다. 루터와 쯔윙글리는 개혁 1세로서 서로 독립적으로 자생하였는데 찰스 5세의 로마 캐톨릭에 대항하기 위하여 이들의 단합이 필요했고 이를 위한 말보그 담화(Marburg Colloquy)가 1529년에 있었으나 성례에서 의견의 일치를 보지 못하여 분리되었다. 분리된 후 각 각, 루터는 독일을 중심으로 루터란 개신교를 형성했고 쯔윙글리는 스위스를 중심으로 개혁 주의 개신교를 발전시켰다. 칼빈주의(Calvinism) 개혁 신학은 개혁 2세인 칼빈이 스위스의 제네바를 기점으로 쯔윙글리와 명맥을 같이하여 발전시킨 것으로 장로교 신학의 근원이다.

칼빈 주의는 잘 못 이해하기 쉬운데 칼빈 주의가 한 사람에 의하여 발전한 것이 아니라 1200년 전으로 올라가 어거스틴으로 부터의 신학 사상을 이어 받아 여러 사람에 의하여 발전하였기 때문이다. 쯔윙글리를 중심으로 한 개혁 신학에는 마틴 부써, 윌리암 화렐 등을 위시하여 개혁 초기의 신학자들이 있다. 이들은 다양한 교육적 배경을 가졌지만 성경을 최고의 권위로 하는 은혜의 언약 신학을 중심으로 하나의 신학 체계를 형성하는데 공헌했다. 물론 칼빈 주의라는 표현은 칼빈의 이름을 근거로 한 것으로 루터란에 의하여 사용되기 시작했다. 그러나 루터가 루터란이라는 이름을 반대하고 크리스찬이라고 불리우기를 원했던 것처럼 칼빈 역시 칼빈주의라는 부름을 좋아하지 않았다. 그는 "칼빈주의라는 표현은 더 할 수 없는 모욕"이라고 했다. 그러나 이러한 칼빈의 반대에도 불구하고 이 단어가 1550년 대 부터 사용되기 시작했다.

충고파(Remonstrants, 또는 Remonstrant Brotherhood)는 17 세기 초 네덜란드 개혁 교회에서 분리된 개신교 운동이다. 이들은 초기에 화란의 신학자인 아르미니우스(Jacobus Arminius: 1560-1609)를 지지했다. 아르미니우스는 벨직 신앙고백(Belgic Confession)과 하이델벨그 교리문답(Heidelberg Catechism)을 지지했지만 아르미니우스를 지지하는 이들 동조자들은 아르미니우스가 죽은 다음 해인 1610년 네델란드 정부에 칼빈 신학과 개혁주의 고백에 반대하는 "다섯 가지 항목"이라는 문건을 제출하였다. 이 "다섯 가지 항목"에 대하여 "반(反) 다섯 가지 항목"이라는 네덜란드 개혁 교회의 반응을 1611년 호미우스(Festus Hommius)가 작성하여 발표했는데 현대에 흔히 "칼빈주의의 다섯 가지 요점", 또는 "개혁주의 다섯 가지 요점"이라고 불리운다. 미국의 신학자이며 장로교 목사인 맥아휘(Cleland Boyd McAfee: 1866-1944)는 처음으로 TULIP이라는 약어로 개혁주의 다섯 가지 요점을 표현했다고 한다. 이 요점의 중심적인 신학은 하나님께서 자비를 베푸시는 모든 사람을 구원하시고 그의 노력이 인간의 불의 또는 무능력으로 인해 좌절되지 않는다는 것이다.

칼빈주의 또는 개혁 주의 신학에서 다섯 가지 요점이라는 것은 영어로 돌트의 교리(Canon of Dort)라고 하는데 공식 명칭은 The Decision of the Synod of Dort on the Five Doctrine in the Dispute in the Netherland이다. 1618년과 1619년, 2년에 180회의 회의를 하면서 네델란드의 돌트(Dort)에서 네델란드 개혁교회의 국제 개혁 주의 총회가 열렸다. 이 총회에서 공식으로 결정되어 채택된 교리가 현세에 까지 칼빈주의 혹은 개혁 주의의 다섯 가지 요점이라고 불리운다. 튤립(TULIP)—

Total Depravity(전적 타락),
Unconditional Election(조건없는 선택),
Limited Atonement(제한된 속죄),

Irresistible Grace(저항할 수 없는 은혜),
Perseverance of Saints(성도들의 인내)—

은 영어의 다섯 단어의 첫 문자로 형성된 약어로 소위 "칼빈의 다섯 가지 교리"는 많이 언급되는 표현이다. 튤립은 화란의 나라꽃의 이름이기도 하다. 이 다섯 가지 교리는 1618년 네덜란드의 돌트(Dort) 에서 칼빈과 아르미니안 신학자 사이의 신학적 논쟁에서 비롯한다. 이 회의에서 아르미니안 입장을 검토한 칼빈은 아르미니안의 입장이 성경과 일치하지 않는다는 이유로 그것을 비판하고 성경에 근거한 다섯 가지 교리로 응답했으며 공식적으로 승인되었다. 칼빈은 오랫동안 이러한 견해를 가지고 있었지만, 그 교리가 17세기 네덜란드의 돌트 회의에서 공식적으로 채택되고 인준된 것이다. 자세한 내용은 다음과 같다.

## 전적 타락(Total Depravity)

그 첫 번째 교리인 전적 타락은 인간의 전적 타락 또는 전적 무능(Total Inability)을 말한다. 사람은 에덴에서 타락한 후 하나님에게서 멀어졌고 그의 존재는 죄로 인하여 어두워졌다. 인간은 비행과 악행에서 자신을 벗어나게 할 수 없다는 것이다. 전적 무능력이라고도 하는 전적 타락은 사람이 죄에 빠진 결과로 죄의 노예가 된다는 것이다. 사람은 본질적으로 하나님을 사랑하지 않고 오히려 자신의 이익을 위해 봉사하고 하나님의 통치를 거부하는 경향이 있다. 따라서 모든 사람은 자신의 능력에 따라 도덕적으로 하나님을 믿고 구원을 받을 수 없다. 이 교리는 원죄에 대한 어거스틴의 설명에 대한 칼빈의 해석에서 비롯된 것이다. 전적 타락"과 "완전히 비뚤어진"이라는 구절이 칼빈에 의해 사용되었는데 그 의미는 인간에게 선함이 없다는 것이 아니라 죄로 부터 자신을 구원할 수 없다는 것이었다. 전적 타락과 같은 구절을 돌트 교리(Canons of Dort)에서는 찾을 수 없다.

### 조건 없는 선택(Unconditional Election)

둘째, 조건 없는 선택의 교리는 세상이 창조되기 전에 인간을 구원하기 위한 하나님의 선택이 전적으로 그분의 주권적 의지에 의하여 형성되었다는 것을 말한다. 하나님은 택하신 각 개인을 그의 믿음과 장점, 미덕에 의하여 선택하시는 것이 아니다. 인간은 독자적으로 믿고 회개를 할 수 없다. 그러므로 선택은 하나님께서 어떤 사람에게 예견하신 행위나 도덕적 성격에 의해 결정하는 것이 아니라 하나님의 은혜에 의한 것이다. 요컨대, 선택은 죄인의 것이 아니라 하나님의 것이다. 이러한 하나님의 조건 없는 선택은 하나님께서 그 사람들에 대한 예견된 미덕, 공덕 또는 믿음에 기초한 것이 아니며 영원 전부터 선택하신 하나님의 자비이다. 오히려 그의 선택은 그의 자비에 무조건적인 근거를 두고 있다. 하나님은 그가 택하신 사람들에게 자비를 베프시고 선택되지 않은 사람들에게는 자비를 거두기 위해 영원부터 선택하셨다. 선택된 사람들은 오직 그리스도를 통해서만 구원을 받는다. 선택되지 않은 사람들은 하나님께 대한 그들의 죄에 대해 정당한 진노를 받는다.

### 제한된 속죄(Limited Atonement)

세 번째 교리는 제한된 속죄에 대한 것으로 그리스도의 죽음이 실제로 선택된 자들, 특별한 대속 또는 한정된 그리스도인에게 적용되며, 버림받은 자들과는 아무 관련이 없다고 말한다. 확실한 속죄라고도하는 제한된 속죄는 예수의 대속적인 속죄가 그 목적과 성취에 있어서 명확하고 확실하다고 주장한다. 이것은 택하신 자의 죄만이 예수님의 죽음으로 속죄되었음을 의미한다. 그러나 칼빈 주의자들은 속죄가 그 가치나 능력에 제한이 있다고 믿지 않고 오히려 그 속죄가 전체가 아닌 일부를 위한 것이라는 의미에서 제한된다고 믿는다. 일부 칼빈 주의자들은 이것은 "속죄는 모든 사람에게 충분하고 선택된 자들에게는 효율적이다"라고 요약한다.

### 저항할 수 없는 은혜(Irresistible Grace)

넷째 저항할 수 없는 은혜는 하나님이 구원하기로 결정하시면 반드시 사람에게 구원을 이루실 것이며, 그 누구도 그 은혜를 거부할 수 없다는 것이다. 범법과 죄로 죽은 인간은 자신의 악한 요구와 욕망으로 인해 영적 죽음과 비참함 속에 있다. 그럼에도 불구하고 하나님은 우리가 하나님의 부르심에 응답하도록 허락하신다. 하나님은 일반적인 부르심과 특별한 부르심으로 인간을 부르신다. 일반적인 부르심은 모든 사람에게 주어지며 이는 저항할 수 있다. 그러나 특별한 부르심은 선택된 사람에게만 주어지며 이는 저항할 수 없다. 이 특별한 부르심으로 성령은 죄인들을 그리스도께로 인도하신다. 성령은 은혜로 협력하여 믿고, 책임지고, 자유롭고 자발적으로 그리스도께 나오도록 택하신 자를 부르신다. 그러므로 어떠한 상황에서도 저항할 수 없는 특별한 은혜이다. 효과적인 은혜라고도 불리우는 저항할 수 없는 은혜는 하나님의 구원의 은혜가 그가 구원하기로 결정한 사람들 즉, 택함을 받은 자에게 효과적으로 적용되고 복음의 부르심에 순종하게 하여 그들을 구원하신다는 것이다. 이것은 하나님이 주권으로 누군가를 구원하고자 할 때 그 개인이 확실히 구원을 받을 것이라는 것을 의미한다. 이 교리는 하나님의 성령이 "택한 죄인이 기꺼이 협력하고, 믿고, 회개하고, 자유롭고 그리스도께 나오도록 한다"고 주장한다. 이것은 복음의 선포를 통한 성령의 외적인 부르심이 죄인들에 의해 거부될 수 없다는 내면의 소명이다.

## 성도들의 인내(Perseverance of Saints)

다섯째, 성도들의 인내에 관한 교리는 하나님께서 완전한 타락 상태에 있는 인간을 구원하기로 선택하시면 끝까지 구원을 이루실 뿐만 아니라 효과적으로 그를 부르시고 그를 영생의 길로 인도하신다고 말한다. 성령은 택함을 받은 자들이 끝까지 견디고 궁극적인 구원에 이를 수 있도록 보장한다. 바울의 "그가 예정한 자를 부르시고 부른 자를 의롭게 하셨고 의롭게 했던 자를 영화롭게 하셨다"는 고백은 성도들의 삶에 대한 칼빈의 결론이라고 할 수 있다. 성도라는 단어는 하나님에 의해 구별된 사람을 가리키는 것으로 하나님은 주권자이시고 그의 뜻이 인간이나 다른 어떤 것에 의해 좌절될 수 없기 때문에 하나님께서 자신과 교제하도록 부르신 사람들은 끝까지 믿음으로 계속될 것이라고 주장한다. 타락한 사람들은 처음부터 진실된 믿음을 갖지 못했거나(요일 2:19), 구원을 받았지만 현재 성령 안에서 행하지 않는다면 그들은 하나님의 징계를 받을 것이나 이것은 우리를 사랑하시기 때문이며 구원을 받을 것이라고 말한다 (히브리서 12 : 5-11).

## 4 예정론에 대한 이해

예정론(Predestination)은 하나님께서 세상에서 행사하시는 것에 대한 개혁신학의 교리이다. 예정론의 교리는 이해하기 힘들고 이를 설명하기는 더욱 힘들다. 예정론이 개신교 교리의 중심교리는 아니지만 중요한 교리이다. 예정론이 있기에 앞서 말한 개혁신앙의 "세 쏠라"가 성립된다. 개신교인은 웨스트민스터 신앙 고백에서 하나님은 "무엇이든지 자유롭고 변함없이 제정하였다"고 고백한다. 이것을 인간의 구원에 적용하면, 하나님은 어떤 사람은 은혜로 구원받게 하는 반면 나머지는 영원히 저주를 받도록 하셨다는 것이 된다. 이것은 하나님의 "무조건적 선택"이다. 이러한 하나님의 선택은 무조건적이며 선택된 사람의 선행이나 행동에 근거하지 않는다. 이 견해는 하나님께서 구원할 사람을 선택하시는 것이 조건적이거나 누가 하나님께 긍정적으로 반응할 것인지에 대한 그의 예지에 근거한다는 아르미니안의 견해를 거부한다.

칼빈은 제네바에서 추방된 후 스트라스부르에서 개혁주의 신학자인 부서(Martin Bucer)와 자주 상담하면서 예정론의 주제에 대한 기초적인 내용을『기독교 강요』에 포함시켰다. 칼빈의 예정론에 대한 설명은 타협할 수 없는 "하나님의 주권"에 대한 칼빈의 믿음을 바탕으로 하나님의 섭리와 예정에 대한 그의 신학을 발전시켰다. 예정론이 개혁주의 신학의 핵심교리는 아니지만 칼빈 신학의 중요한 부분을 차지한다. 칼빈은 1559년 최종판의 『기독교 강요』 3권 21장에서 펠라기우스의 가르침에 반대하여 어거스틴이 발전시킨 예정론 교리를 설명하고 방어한다. 칼빈은 예정론이 자신이 주장한 새로운 교리가 아니라 바울을 비롯하여 어거스틴의 전통을 따랐으며 동료 신학자들은 토마스 아퀴나스와 마틴 루터를 포함했다. 칼빈의 예정론 교리에 대한 공식화는 그 이전의 전통보다 한 걸음 더 나아간 것이다. 칼빈은『기독교 강요』 에서 "모든 것이 동등한 조건으로 창조된 것이 아니라 일부는 영생으로, 다른 일부는 영원한 저주로 예정되어 있으며, 따라서 각 사람은 이러한 목적 중 하나를 위해 창조되었다고 말한다(기독교 강요, 3.21.1). 개혁주의 신학자들은 죄가 인간의 본성에 영향을 미치므로 자신의 의지로 그리스도를 믿는 신앙조차 행사할 수 없다고 가르친다. 개혁주의 기독교인들은 하나님께서 어떤 사람들은 구원받을 예정이고 다른 사람들은 영원한 저주를 받을 예정이라고 믿는다.

1934 년 독일의 프로테스탄트 교회가 히틀러의 제 3 제국과의 합의를 도출하려했을 때 예수 그리스도의 하나님에 대한 교회의 충성이 독일의 아돌프 히틀러와 같은 독재자에 저항할 힘과 자원을 제공해야한다고 주장하며 바르멘 선언(Barmen Declaration)의 작성을 주도하고 독일 기독교에 대한 나치즘의 영향을 거부했던 발트(Karl Barth)는 하나님의 선택에 의한 교리를 주장하면서 개혁주의 교리를 재해석했다. 발트의 신학은 하나님께서 신성한 뜻의 목적에 따라 구원을 받거나 저주를 받도록 각 사람을 선택하셨다는 생각을 수용하지만 하나님이 왜 어떤 사람을 선택했는지 알 수 없다고 했다. 발트를 따르는 개혁주의 신학자들은

예정에 대한 전통적인 개혁주의 개념은 추상적이며 이에 대하여 보다 낳은 대안을 제안했다. 이 신학자들은 삼위 일체적 교리가 구원을 위해 일부를 선택하고 다른 일부를 버리는 것보다는 모든 사람을 사랑하는 하나님의 자유를 강조한다고 주장한다. 이 신학자들은 죄 많은 사람들에 대한 하나님의 정의와 비난을 그들에 대한 그의 사랑과 그들을 자신과 화해시키려는 열망에서 언급했다.

하나님의 절대적인 선택은 예수 그리스도의 인격 안에서 인류를 위한 하나님의 은혜로운 결정이다. 발트는 이중 예정(Double predestination)이라는 개념을 유지하지만 예수 자신을 신성한 선택과 책망의 대상으로 동시에 만든다. 즉, 예수님은 하나님의 인류에 대한 선택과 인간의 죄에 대한 하나님의 거부를 모두 구체화하고 있다. 어떤 사람들은 이러한 선택 교리의 표현을 개인의 예정에 대한 어거스틴-칼빈 주의적 교리의 개선이라고 생각하는 반면, 부르너(Brunner) 같은 비평가들은 발트의 견해가 부드러운 보편주의에 해당한다고 비난하며 어거스틴과 칼빈의 신학에서 멀어 졌다고 한다. 바르트의 관점에서, 하나님의 자비는 항상 하나님의 은혜가 주도하는 독특한 방식으로 하나님의 의(義)와 동일시된다.

기독교에서 하나님이 어떤 사람은 천국에, 어떤 사람은 지옥에 일방적으로 미리 정하신다는 교리는 서기 412년 펠라기우스와의 논쟁 중 하마의 아우구스티누스에서 시작되었다. 펠라기우스와 그의 추종자들은 사람들은 원죄를 가지고 태어나는 것이 아니며 선과 악을 선택할 수 있다고 주장했다. 이 논쟁에서 어거스틴은 사도 바울의 가르침을 근본적으로 해석하여 믿음은 인간이 선택할 수 있는 것이 아니라 하나님이 주시는 선물이라고 주장했다. 모든 사람이 하나님의 언약을 듣거나 응답하지 않는다는 점에 주목하면서 어거스틴은 "세상을 위한 보다 일반적인 하나님의 돌보심은 택하신 자를 돌보는 하나님의 성품으로 특별히 나타난다"고 생각했다. 그는 갓 태어난 아기와 사산한 아기가 세례를 받지 않고 죽으면 지옥에 보내시는 하나님의 의를 명시적으로 옹호했다.

칼빈도 이중 예정(Double Predestination)을 가르쳤다. 이중 예정은 하나님께서 구원받을 사람을 선택하실 뿐만 아니라 저주받을 사람을 결정하신다는 생각이다. 일부 현대 칼빈 주의자들은 하나님의 능동적 예정은 오직 택하신 자만을 위한 것이라고 설명함으로써 이중 예정의 윤리적 딜레마에 대응한다. 하나님은 택하신 자에게 은혜를 베푸셔서 구원을 주시지만 저주받은 사람에게서 하나님은 구원의 은혜를 거두신다. 칼빈 주의자들은 하나님이 정죄를 예고하는 사람을 결정함에 있어 공정하다고 가르친다. 왜냐하면 하나님은 일방적인 택함을 통해 중생을 선택하시지만 저주받은 자를 죄로 적극적으로 강요하지 않으시기 때문이다. 이중 예정은 하나님이 저주받은자를 적극적으로 책망하는 것이 아니라는 것이 개혁주의 고백의 견해이다.

칼빈은 "실제 사실"로 예정론에 대한 설명을 보충한다. 칼빈이 관찰한 "실제 사실"은 "생명의 언약"이 듣는 사람들 사이에서도 동일한 반응을 얻지 못한다는 것이다. 칼빈은 어떤 사람들은 "생명의 언약"을 받아들이고 어떤 사람들은 받아들이지 않는 다양성에 대한 신학적 해석을 예수님의 가르침에 의지했다. 마태복음 13장의 씨 뿌리는 사람의 비유를 가리키면서 칼빈은 "씨가 가시나 돌밭에 떨어지는 것은 새로운 일이 아니다"라고 말했다. 요한복음 6:65에서 "아버지가 오게 하여 주시지 아니하시면 않으면 누구든지 내게 올 수 없다"는 예수님의 가르침에서 칼빈은 신학적 해석의 다양성에 대한 실마리의 열쇠를 발견했다.

칼빈의 성경에 근거한 신학적 다양성은 "영원한 선택의 하나님의 목적에 종속된 심판의 탐색할 수 없는 깊이"를 보여준다. 하나님은 일부에게 구원을 주셨지만 모든 사람에게는 아니다. 많은 사람들에게 이것은 당혹스러운 주제로 보인다. 왜냐하면 그들에게 "일부는 구원으로 예정되어 있고 다른 일부는 멸망으로 예정되어 있어야한다는 것이 모순적"이라고 생각되기 때문이다. 그러나 칼빈은 "선택과 예정"에 대한 적절한 견해를 통해 이 불일치를 해결할 수 있다고 주장했다.

칼빈은 사람들에 대한 그의 신학적 묘사를 성경적 권위와 "실제 사실"에 근거하여 "생명 또는 죽음에 예정된"것으로 묘사했다. 칼빈은 성경이 우리가 예정에 대한 "이 위대한 신비를 고려"할 것을 요구하지만, 그것에 대해 제한되지 않은 "인간의 호기심"에 대해서도 경고했다. 신자들이 "우리의 구원은 우리에게서 나온 것이 아니라 오직 하나님께로부터 나온 것"이라는 사실을 아는 것은 감사한 일이다고 했다.

## 5 스위스에서의 개혁

종교 개혁을 이야기할 때 그에 관련된 인물로는 루터, 쯔윙글리, 칼빈의 순으로 하는 경우가 많다. 이들에게는 신비스럽게도 몇 가지 공통점이 있는데 그 중 하나는 이들 모두가 당시 지식인의 언어인 라틴어와 그리스어에 능통하였다는 것이며 루터와 칼빈은 생의 초기에 법을 공부했으나 개혁자로 헌신하였다는 것이다. 16 세기 유럽의 개혁기에는 많은 놀라운 일들이 여러 곳에서 동시에 일어나고 있었다. 쯔윙글리(Ulrich Zwingli: 1484-1531)는 독일어권 스위스에서 루터와는 별개의 독립적으로, 그렇지만 비슷한 시기에 개신교 개혁을 이끌고 있었다. 보수주의와 자유주의의 스펙트럼에서 종교 개혁 사상가를 논한다면, 루터는 보수적인 반면, 쯔윙글리는 극단 주의적 사고를 따르고 있었다.

글라루스의 교구 신부인 시절, 쯔윙글리는 스위스 용병의 군목으로 프랑스와 이탈리아의 전쟁에 참여하여 1515년 늦은 여름 엄청난 스위스 군인 사망자를 낸 비참한 마리나노 전투(Battle of Marignano)의 현장에 있었다. 21세의 젊은 나이에 불란서의 황제의 자리에 오른 후란시스(Francis) 1세는 포병을 포함한 군대를 이끌고 알프스를 넘어 깜짝스럽게 북부 이태리를 침공했다. 기원 전 300년, 하니발(Hannibal)의 군대를 상상하게 하는 일이다. 이때 스위스 용병을 갖춘 추기경 마티아스(Matthias)가 이끄는 교황의 군대는 하루밤 사이에 무참히 패하여 10,000명의 사망자를 내고 패한 것이다. 이 사건을 계기로 스위스에서의 용병 시스템을 반대하는 쯔윙글리의 입장은 더욱 확고해 졌다. 마리나노의 경험으로 인해 스위스는 다시는 다른 지역의 민족간 전쟁에 참여하지 않았다.

쯔윙글리는 에라스무스가 번역한 그리스로어로 된 신약을 읽었고 그의 영향을 받았으며 그리스와 라틴 족장들의 작품을 연구했다. 그가 아인시델른을 떠나 취리히로 갔을 때 쯔윙글리는 로마 교황의 전통이 아니라 성경에 기초하여 "오직 성경만으로"(Sola Scriptura)를 내세우는 개혁 신앙과 이론을 확고히 정립했다.

1519 년 여름 취리히에서 전염병으로 9,000천명의 인구중 1/3이 사망하는 치명적인 상황에서 쯔윙글리는 자신도 전염병에 걸리면서 환자들을 돌보았다. 이러한 상황에서도 츠빙글리의 개혁 조치는 혁명적이었다. 1522년 사순절에 그의 추종자들이 저녁 늦게 까지 일하고 금식의 규율에 반하여 쏘세지를 먹었는데 이로 인하여 시 당국에 체포되는 사건이 발생했다. 이 때 쯔윙글리는 이들을 옹호했는데 이 사건은 쯔윙글리가 로마 교회에 공개적으로 정면으로 반하는 첫 번째 사건으로 "쏘세지 사건"(Affairs of Sausages)이라고 한다. 1523년 초 시 의회는 성직자들을 초청하여 그들의 신조를 발표하게 하는 공개 토론회를 개최하였다. 그 결과로 시의회는 쯔윙글리의 지도에 따라 성경에 기초한 교회 프로그램을 공식적인 정책으로 시행하기로 결정했다. 성경에 근거를 두지 않은 설교는 못하게 하고 그들은 도시를 떠나야 했다. 그해 가을에는 마리아와 성자숭배 및 성례에 대한 토론을 했다. 그리하여 마리아와 성자숭배 밑 성경에 표현되지 않은 조각물에 대한 경배를 제거하고 그들의 유물을 교회에서 철거했다. 그는 설교하면서 마리아와 성자숭배와 금식을 포함한 거의 모든 가톨릭 전통을 비판하였다. 많은 예배 의식이 간소되었으며 성찬 의식도 그리스도를 영적으로 기념하는 것으로 간주하여 간소화 했다. 개혁의 지속적인 성공에 고무된 쯔윙글리는 다른

스위스 도시의 시의회도 취리히의 동일한 개혁 경로를 따르도록 설득했다.

스위스에서의 로마 카톨릭에 대한 상황은 일반적으로 유럽 교회의 상황과 크게 다르지 않았다. 교계 지도부는 세속적이었고 승려들의 도덕적 기준은 낮았다. 그들은 일반 성도들에게 면죄부를 팔았고 첩을 지키고자하는 성직자들에게 돈을 받고 묵인했으며 성직자에게서 태어난 아이마다 수수료를 받았다. 이러한 상황에서 취리히 사제로서의 쯔윙글리의 설교는 열정적이고 감동적이었다. 그의 설교는 듣는 사람들에게 신앙의 부흥을 일으켰고 성경의 권위를 긍정하게 했다. 그는 교황이 주는 연금을 사임하고 교황의 용병 모집에 저항했으며 추기경을 청년의 피를 파는 밀매 범이라고 공격했으며 면죄부 시스템에 대해서도 반대했다. 또한 그는 1522년에 결혼했다. 교황의 대리인은 쯔윙글리가 그의 입장을 바꾸고 카톨릭 교회에 순종한다면 무엇이든지 다 들어 주겠다며 너그러운 승진과 명예를 제의하면서 쯔윙글리에게 접근했다. 교황의 대리인은 농담으로 "교황의 자리만 빼고는 무엇이든지 다 주겠다"며 그를 회유했다. 그러나 쯔윙글리는 이러한 제안에 전혀 관심이 없었다.

개혁 주의가 스위스와 독일에서 성장하고 있음에 따라 찰스 황제의 위협도 증가했다. 이러한 촬스 황제의 위협에 대응하여 연합 전선을 구축하기 위한 개신교 지도자 회의가 필립스 백작(Philip of Hesse)의 주선으로 1529년 말보그(Marburg)에서 열렸다. 루터와 쯔윙글리를 위주로 개신교의 단합을 위한 이 회의를 말보그 담화(Marburg Colloquy)이라고 하는데 루터와 쯔윙글리가 분리되는 역사적 사건이다. 루터와 쯔윙글리는 그들의 신앙 논제에서 15개의 항목을 가지고 회담을 하면서 14개 항목에 대하여는 합의를 보았으나 마지막 하나인 성례에 대하여는 의견의 일치를 보지 못했다. 루터는 "이것은 나의 몸이니"하는 성경 말씀을 인용하면서 성찬에서의 떡과 포도주는 실제적으로 예수님의 살과 피의 육체적 임재라고 주장했으며 쯔윙글리는 성찬에서의 떡과 포도주는 예수님의 몸과 피의 상징적인 것으로 영적인 것이라고 맞섰다. 이러한 대립으로 인하여 루터와 쯔윙글리는 헤어지게 되었고 다시는 만나지 않게 되었다. 이후 개혁 주의는 루터의 개신교와 개혁 주의 개신교로 갈라저 성장하게 되었다.

스위스에서의 종교 개혁은 개신교와 카톨릭 사이의 폭력적인 내전으로 전개되었다. 도시 지역에서는 개혁파가 우세한 반면 농촌 지역에서는 아직도 로마 카톨릭 파가 우세했다. 1531 년, 쯔윙글리의 개혁 교회와 로마 교황청의 카톨릭 교회 사이에 벌어진 카펠 전투(Battle of Kappel)에서 쯔윙글리는 사망했다. 쯔윙글리의 카톨릭 적들은 그가 치명상을 입었지만 여전히 살아서 배나무 근처에 엎드려 누워있는 것을 발견했다. 그들은 그를 뒤집어 놓고 카톨릭 신앙을 고백하도록 요청했다. 쯔빙글리가 고개를 저어 거부했을 때, 카톨릭 군인은 그에게 최후의 일격을 가했다. 쯔윙글리는 죽으면서 다음과 같이 말했다.

> 그들이 몸은 죽일 수 있을망정 영혼은 죽일 수 없다.

그들은 쯔윙글리의 투구를 기념품으로 가졌으며 그의 몸을 4

등분하여 불에 태우고 그 재를 바람에 뿌렸다. 취리히 해(海) 입구 근처에는 쯔윙글리를 기념하는 쯔윙글리의 동상이 세워져 있다. 한 세대가 지나면서 쯔윙글리의 개혁 운동은 더 크고 영향력있는 죤 칼빈의 개혁 운동에 합류되었다.

종교 개혁에 대한 쯔윙글리의 노력은 그의 후계자인 벌린져와 칼빈을 통해 그의 삶을 넘어 계속되었다. 쯔윙글리는 그의 신학보다는 개혁 노력으로 더 잘 알려져 있다고 말하는 것이 공정해 보인다. 종교 개혁 당시 프로테스탄트 신학은 루터교, 개혁파, 재 침례교, 성공회의 네 그룹으로 분류될 수 있었다. 쯔윙글리는 개혁 개신교의 줄기를 형성했다. 그의 신학의 특징은 하나님이 인간과의 교제를 원하신다는 믿음이다. 창조의 과정은 하나님과의 교제이며 인간은 창조의 본질이다. 그는 합리적인 논리의 결과로 섭리 또는 예정을 이해했으며 성찬은 주님에 대한 충성의 공동 증거로 신자들을 하나로 묶는 감사와 기념의 일반적인 식사라고 했다.

## 6 영국과 스코트랜드에서의 개혁

영국과 스코트랜드의 개혁은 유럽의 다른 지역에 비하여 늦게 그리고 오래 지속되었다. 특히 영국과 스코트랜드 개혁의 특징은 왕실이 주도적 역할을 한 것인데 유럽 대륙에서의 개혁과는 다른 특수한 형태이다. 또한 그 진행 과정은 어떤 소설을 보는 것보다 흥미진진하다. 영국은 백년 전쟁과 장미 전쟁 등을 거치면서 헨리 7세가 정치적 안정을 이룩했고 그의 뒤를 이어 왕이 된 헨리 8세는 6명의 왕후를 두었는데 그 중 2명을 참수하여 아주 재미있는 소설 꺼리가 된다. 그는 22세 때 교황 줄리우스 2세를 도와 유럽에서 성전(聖戰)에 참여하여 교황으로 부터 "가장 신앙이 깊은 왕"(Most Christian King)이라는 칭호를 받았다. 성서 신학교(Biblical Theological Seminary)의 제임스(Frank James) 교수에 의하면 "8년 후 루터가 95 개 논제를 발표했을 때 헨리 8세는 루터를 반박하는 글을 발표하여 1521년 교황으로 부터 "신앙의 방어자"(Defender of the Faith) 라는 특별 칭호까지도 받았다"고 한다. 이러한 영국이 어떻게 개혁되었는가 하는 것은 흥미진진한 일이다.

헨리 8세의 첫번째 왕후인 캐터린(Catherine of Aragon)은 헨리의 형인 아써(Arthur)와 결혼을 했는데 결혼한 지 5개월 만에 그가 죽자 헨리와 정략적 결혼을 하여 딸 매리(Mary)를 낳고는 아이가 없었다. 헨리 8세는 "누구든지 그 형제의 아내를 취하면 더러운 일이라. 그가 그 형제의 하체를 범함이니 그들이 무자하리라(레 20:21)"는 성경 구절을 거론하며 대를 이을 자식이 없는 캐터린과 이혼하기를 원했다. 그러나 로마의 교황청은 이를 허락하지 않았다. 교황이 헨리의 이혼을 허락하지 않은 것은 성경 말씀보다는 신성로마제국의 황제인 찰스 5세가 캐터린의 조카이였기에 그의 심경을 건드리지 않게 하기 위해서였다. 이에 반감을 가진 헨리 8세는 종교적 이유가 아니면서 로마 교황청과 거리를 두기 시작하였다. 한편 영국 의회는 왕을 법의 최고 권위로 하는 법(Act of Appeals)을 제정하여 왕이 모든 문제의 최고 권위라고 하였고 교황의 결정을 무시했다. 밴더빌트 대학의 역사학과 과장인 해링톤 박사(Joel Harrington)는 "이것은 교황과의 정치적 분렬이며 영국에서는 교황이 아니라 왕이 교회의 머리가 되었으며 그 이외의 것은 그대로 있었다"고 말한다. 헨리는 그의 호색(好色)적 연유로 교황과 결별하여 스스로 영국 교회의 수장이 된 것이다.

이러한 상황에서 영국의 의회는 1534년 최고법령(Act of Supremacy)을 제정하여 헨리 8세가 영국 교회의 수장이라고 공식적으로 선포하였다. 헨리는 둘째 왕후인 앤 벌린(Anne Beleyn)에게서 딸 엘리자베스를 낳았고 제인 쎄이모어(Jane Seymour)왕후에게서는 아들을 낳았는데 이가 에드워드(Edward) 6세로서 1547년 헨리가 죽은 후 왕위를 계승하였다. 에드워드 6세는 어리고 몸이 약하였으나 확실한 신교도였다. 그는 개신교를 옹호하는 대주교인 크랜머(Thomas Cranmer)로 하여금 개혁 교회의 교리를 실천케 했다. 그러나 그들은 로마 카톨릭 교회의 외형적 조직과 예배 형태는 그대로 남겨 두고 내부적으로 교리 해석에서 개혁을 하여 영국 교회의 개혁은 특수한 형태를 띄게 되었다.

에드워드 6세는 왕이 되기 전 크랜머를 왕사로 하여 교육을 받았으며 9세 때 왕위를 계승했다. 그는 몸이 약하여 15세 때에 죽었고 그 후 심한 왕위 다툼이 있었으나 결국이복 누이인 매리가 왕위를 차지하게 되었다. 매리 여왕은 자기 어머니인 캐터린 왕후가 교황의 보호를 받은 것을 기억하여 로마 카톨릭을 옹호하고 신교를 핍박하여 크랜머는 화형을 당했다. 매리 여왕의 5년 통치기간 280명의 개신교도가 화형을 당하여 매리 여왕에게는 피의 여왕(Bloody Mary)이라는 별명이 붙었다. 매리 여왕의 통치 역시 오래 가지 못했고 그가 암으로 죽은 후 개신교도인 이복 동생 엘리자베스 여왕이 왕위를 계승하였다. 엘리자베스 여왕은 다시 개신교 교리를 채택했으나 카톨릭과의 마찰을 피하기 위하여 온건한 정책을 썼다. 이때 유럽으로 망명했던 개혁주의 사상가들이 돌아와 개혁을 주장했으며 크랜머도 이들 중 한 사람에 속한다. 엘리자베스 여왕 역시 후손이 없이 단명하여 면 사촌인 스코트랜드의 제임스 1세가 영국 왕위를 계승했다.

영국의 북부인 스코트랜드에서도 특수한 형태의 개혁주의가 나타났다. 이들의 개혁은 영국에서 독립하려는 열망과 결합하여 특수한 형태를 띄게 된 것이다. 스코트랜드의 첫 개혁 운동은 루터의 제자였던 하밀톤(Patrick Hamilton)의 화형으로 시작되었다고 할 수 있다. 하밀톤이 순교당한 후 독일에서 돌아온 죠지 와시할트(George Washart)의 주도로 개혁이 진행되었으며 그를 도우던 죤 낙스(John Knox)가 개혁에 앞장서서 커크(Kirk)라고 알려진 개혁 집단을 형성하였다. 제네바에서 칼빈을 만나고 그의 영향을 받은 죤 낙스는 엘리자베스 여왕의 개혁을 도와 제네바와 비슷한 장로교 체제의 교회 정치제도를 구축하였다. 스코트랜드에서의 개혁은 칼빈의 교회 체제를 모방한 것으로 노회(Presbytery)를 통하여 이루어 졌다. 각 교회별로 목사와 장로를 선정하여 이들이 연합하여 상위적으로 노회를 구성한 것이다. 그러나 스코트랜드의 제임스 1세는 이러한 체제에 대하여 불안을 느껴 스코트랜드의 주교를 받아 들이도록 압력을 가했다. 그는 영국을 통합한 후에도 이 정책을 지속하여 철저한 개혁을 주장하는 청교도들 및 장로교 개혁 주의자들과 마찰을 빚게 되었다. 제임스 왕의 청교들과의 마찰은 개혁주의자들로 하여금 새로 발견된 미주 식민 개척지로 이주하게 하는 주 원인이 되었다. 미주에 정착한 청교도들은 자신들이 핍박을 당하여 신앙의 자유를 찾아 미주를 개척하면서도 뒤에 오는 재 세례파와 퀘이커 교도들을 핍박하여 미국 헌법에서 종교의 자유를 선포하는 제 1차 헌법 수정을 초래하게 하기도 했다.

## 6.1 청교도의 등장

1558년 매리 여왕의 이복 동생으로 25세의 나이에 영국의 왕위를 계승한 엘리자베스 여왕은 현실적인 이유로 인하여 신속히 개혁 주의 정책을 썼으면서도 많은 캐톨릭의 세력을 의식하여 외형적으로는 캐톨릭의 예배의식을 유지했다. 성서신학교(Biblical Theological Seminary)의 교수인 제임스(Frank James) 박사는 당시 종교 정책은 "교리와 신학은 개혁주의였으며 예배 의식은 로마 카톨릭의 형태로 이것은 교활한 정치적 수단이었다"고 말한다. 그러나 이러한 타협안은 당시 영국을 휩쓸고 있는 개혁주의자들, 특히 청교도들에게는 용납되지 않았다. 이들 청교도들은 교회를 청결케 하기를 원했다. 이들은 칼빈과 쯔윙글리의 개혁 교리를 계승하면서 성서에 있지 않은 어떠한 의식도 반대했다. 그들은 또한 정치 세력이 교회를 조정하는 것을 반대했으며 엘리자베스 여왕의 종교 정책에 불만을 품게 되었다. 그들은 영국의 개혁이 충분치 않으며 엘리자베스 여왕의 온건한 개혁 정책에 만족치 않고 더 개혁되어야 한다고 주장하며 로마 카톨릭의 잔재의 말끔한 제거를 주장했다. 그들은 교회를 정화하기 위하여 로마 카톨릭의 관행으로 부터 철저한 개혁을 주장한 것이다. 따라서 엘리자베스 여왕과 마찰을 빚게 되었으며 여왕은 청교도를 핍박하게 되었으며 극단적으로 분리주의자가 나타타게 되었고 이들은 왕권과 마찰을 빚게 되었다.

청교도들은 16세기와 17세기에 왕정의 압박을 받았으나 영국 역사와 영국의 식민지 개척에 중요한 역할을 했다. 그들은 칼빈주의자들로 일부는 다른 모든 기독교 교단과의 분리를 주장기도 했다. 1618년 보헤미아에서 시작된 30년 전쟁은 유럽 역사상 가장 파괴적인 전쟁이었다고 한다. 대학이 문을 닫았고 전 유럽의 경제가 파괴되었다. 이에 청교도들은 1620년 메이훌라워(Mayflower)로 신 대륙의 버지니아로 가기로 하고 영국을 떠나 대서양을 건넜으나 풍랑으로 인하여 상륙하지 못하고 마사추세츠의 플리므쓰에 상륙하여 정착하게 되었다. 이어 재 침례교 등 다른 많은 개신교도들이 그들의 뒤를 이어 신대륙으로 오게 되었다.

여기에 역사의 아이로니가 나타났다. 1660년 대에 뉴 잉글랜드에는 회중 청교도(Congregational Puritanism)만이 인정받는 유일한 교단이었다. 이들 청교도들은 자신들이 종교의 자유를 찾아 신대륙으로 왔으면서도 뒤에 오는 다른 교단의 개혁 주의자들을 배척하여 그 대표적인 예가 퀘이커(Quaker) 들에 대한 핍박이다. 웨스트민스터 신학교의 조직신학 교수인 홀톤(Michael Horton) 박사는 "다행히도 버지니아에 있는 침례교도들에 의하여 종교의 자유를 인정하는 제 1차 미국 헌법의 수정이 있게 되었다"고 말한다. 이러한 종교의 자유로 미국에는 많은 개신교들이 나타나게 되었다.

분리주의적이고 독립적인 청교도주의는 웨스트민스터 의회의 장로교 정치 지지자들이 새로운 영국 국가 교회를 건설할 수 없었던 1640 년대에 두드러지게 나타나게 되었다. 청교도들은 1630

년대 후반까지 공통점이 많은 스코트랜드 장로교인들과 동맹을 맺었다. 결과적으로 그들은 영국에서 주요 정치 세력이 되었고 제 1 차 영국 내전(1642-1646)의 결과로 권력을 잡았으나 거의 모든 청교도 성직자들은 1660 년 군주제 복원과 1662 년 통일성 법안 이후 영국 교회를 떠났다.

청교도는 개신교 내에서 공식적으로 인정받는 종교적 교파가 아니었다. 일부 청교도들은 영국 교회의 교리에 통합되었으며 일부는 북미에서 17세기 말과 18세기 초에 등장한 많은 개신교 교단에 흡수되었다. 이들은 특히 회중 교회와 장로 교회의 교리에 가까이 하면서 신앙을 유지했다. 개혁주의 전통의 일부로 널리 간주되는 회중 교회는 청교도의 후손이다. 이들은 자녀들의 교육에 특별한 관심을 가져 1636년에 하바드 대학을 창설하였다.

## 6.2 킹 제임스 성경

제임스 왕은 스코트랜드의 제임스 6세(James VI of Scott Land)이며 동시에 영국의 왕으로 제임스 1세(James I of England)이다. 제임스 왕이 영국과 스코트랜드를 동시에 통치하는 왕이 된 것은 역사상 처음이며 영국인들은 이를 환영했다. 제임스 6세가 영국의 왕위를 계승하기 위아여 스코트랜드의 에딘톤에서 영국의 런던으로 가는 도중에 청교도들은 제임스 왕의 행열을 막고 왕에 대하여 충성을 선언하면서 동시에 성경을 번역할 것을 요청했다. 당시 영국과 스코트랜드 지역에서는 세 가지의 성경이 통용되고 있었다. 하나는 공식적으로 사용되는 라틴어 성경(Vulgar)이며 다른 하나는 영어로 번역된 주교 성경(Bishop's

Bible)이고 또 다른 하나는 개혁 주의자들이 라틴어를 번역하여 사용하는 제네바 성경(Geneva Bible)으로 칼빈의 성경이라고도 한다. 제네바 성경은 틴데일과 칼빈이 주로 번역한 것이다.

이들 성경사이에는 번역상의 오차로 인한 오류와 정치적 배경과 언어의 차이로 인하여 상이점들이 많았다. 정치적인 면에서 보면 영국은 왕정 국가인 반면 제네바는 민주주의 체제이다. 이러한 정치 제도의 차이가 성경 번역에도 영향을 줄 수 있다. 청교도들은 이의 시정을 위하여 제임스 왕에게 성경 번역을 요청한 것이다. 제임스 왕은 이를 승낙하여 하밀톤 코트 회의(Hamilton Court Conference)라는 회담을 열고 47명의 고위 성직자들로 하여금 성경을 번역하게 하여 7년 후인 1611년에 완성했는데 이 성경이 현재까지도 통용되는 킹 제임스 성경(King James Version of Bible)이다. 이 영어 성경은 쉐익스피어(Shakespeare)의 작품 다음으로 영어의 발전에 중대한 영향을 미쳤다.

## 6.3 웨스트민스터 신앙 고백서

웨스트민스터 신앙 고백은 청교도들이 중심이 되너 작성한 개혁주의 신앙 고백이다. 1646년 웨스트민스터 총회에서 영국 교회의 신앙 고백으로 작성되었으며, 스코틀랜드 교회에서는 교리의 "종속 조항"이 되었으며 현재까지도 전 세계 장로교에서 영향력을 발휘하고 있다.

1643년 영국 의회는 영국 교회의 예배, 교리, 치리 및 규율 문제에 대한 조언을 위해 "배우고 경건하고 현명한 사제들"을 웨스트민스터 사원에서 만날 것을 요청했다. 5년에 걸친 그들의 회동은 신앙의 고백뿐만 아니라 대소(大小) 교리 문답도 도출했으며 그 후 300년이 넘도록 전 세계의 여러 교회들이 교리의 표준으로 이 고백과 교리 문답을 채택했다.

이때 있은 영국 남북 전쟁(1642 - 1649) 동안 영국 의회는 당시 영국의 왕인 찰스 1 세(1600-1649)의 세력에 맞서 싸웠다. 이 영국 내전은 찰스 1세와 영국 의회 사이에 정부를 장악하기 위한 싸움으로 군주의 권력과 의회 사이의 갈등으로 인하여 시작되었다. 결과적으로 찰스가 처형되고 공화국이 형성되었다. 따라서 영국 교회는 감독주의를 포기하고 칼빈주의 교리를 채택하게 되었으며 예배와 교리 문답 등이 개혁되었다. 스코트랜드 교회는 왕이 임명한 주교를 파면하고 장로교 제도를 회복했다. 121명의 청교도 성직자들이 참여한 웨스트민스터 총회에서 영국 교회 개혁을 위한 공식 문서로 작성된 웨스트민스터 신앙 고백은 영국의 회중 교회에서 사보이(Savoy) 선언[51](1658)으로 수정되어 채택되었고 영국 침례교는 사보이 선언을 수정하여 제 2 차 런던 침례교 고백(1689)이 되었다.

웨스트민스터 신앙 고백의 내용은 청교도와 언약 신학의 영향을 받은 칼빈주의 신학에 대한 체계적인 선언이다. 신구약 성경은 하나님의 영감으로 쓰여진 하나님의 말씀이며 믿음과 생활의 기본 규례임을 선언한다. 여기에는 삼위일체와 예수의 희생

51) 사보이 선언은 회중교회의 신앙 고백이다. 그것의 전체 제목은 영국의 회중교회에서 소유하고 실행하는 신앙과 질서의 선언(A Declaration of the Faith and Order owned and practiced in the Congregational Churches in England)이다. 1658 년 10 월 런던의 사보이 궁전에서 영국 독립과 회중 주의자들에 의해 작성되었다.

적인 죽음과 부활과 같은 대부분의 개신교 교리가 포함되어 있으며, 쏠라 스크립투라와 쏠라 휘데와 같은 개신교의 특정한 교리도 포함되어 있다. 교황을 적 그리스도라고 선언했으며 이는 17세기 영국인들에게는 매우 보편적인 신앙이었다. 또한 로마 카톨릭 미사를 우상 숭배의 한 형태라고 선언했으며, 비 기독교인과의 결혼을 배제했다.

미국에서는 필라델피아 노회에서 1729년 미국 장로교인을 위한 교리의 표준으로 웨스트민스터 고백을 공식적으로 채택했으며 1789 년에 미 장로교회(Presbyterian Church in the United States of America) 가 설립되었을 때, 웨스트민스터 신앙고백에서 기본적으로 국가가 교회 문제에 관여하는 것등을 포함하여 몇 가지를 수정하고 채택했다. 이 고백서는 1887년에 다시 수정되었으며 1903년에 고백서의 전면적인 개정안을 채택하여 로마 카톨릭 교황을 적 그리스도로 식별되는 것이 삭제되었다.

## 7 재 침례교

재 침례교(再 浸禮敎)는 영어로 Anabaptism인데 여기서 Ana는 라틴어로 재(再), 즉 다시라는 뜻이다. 다시 세례를 받는다는 것이다. 이들은 유아 세례에서는 아기가 자기 의사에 의해서가 아니라 보호자의 결정에 따라 세례를 받았으므로 이를 인정하지 않고 아기가 성장하여 자기 의사로 판단할 수 있을 때 받은 세례만을 인정한다. 따라서 타인이 보기에는 재 세례이며 이들에게는 처음 세례이다. 이러한 신앙적 이론은 당시 기독교 개념의 기성 사회 질서를 부인하는 것이며 사회 지도층의 지지를 별로 받지 못한 평범한 사람들의 종교 운동이었다.

스위스의 쯔윙글리 파의 일부와 루터를 비롯한 다른 개혁파의 일부는 성서만이 지혜의 근본이라는 교훈을 깊이 받아들였다. 이들은 쯔윙글리의 개혁이 너무 느리다고 주장했으며 과격한 행동으로 개혁을 원했다. 쯔윙글리의 제자였던 만쯔(Felix Manz)와 그레벨(Conrad Grebel)은 성경의 세례를 거론하며 성경에 유아 세례에 관한 이야기가 없으므로 유아 세례를 인정하지 않고 장성하여 스스로의 결정으로 받은 세례만을 인정하며 이의를 재기 했다. 그들은 성경을 읽고 자신들의 결론을 내리며 쯔윙글리, 루터 및 카톨릭 교회가 모두 잘못되었다고 주장했다. 1525년 쭈리히 시 의회(市 議會: City Council)는 재 침례자들의 모임을 금하고 유아들의 세례를 명하는 법을 선포했으며 이에 순응하지 않는 재 침례교들을 시에서 추방했다. 이들은 급진주의자로서 기성 톨릭 교회에서는 물론이지만 새로 나타난 개혁주의 자들에게도 환영을 받지 못했다. 이에 반하여 만쯔는 자기 집에서 모임을 갖고 세례를 받아 당국에 체포되어 쭈리히의 남부 림맨(Limmat)강에서 수장을 당하여 첫번째의 재 침례교 순교자가 되었다. 그레벨은 일년 넘게 피해 다니며 스위스에서 재 침례교를 전파하다가 결국 체포되어 처형을 당했다. 그후 많은 순교자가 있었다.

1527년에 사틀러(Michael Sattler)는 스위스와 독일 국경 지역의 샤프하우젠(Schaffhausen)지역의 슐라이테임(Schleitheim)에서 회의를 주재하여 재 세례파의 신앙 고백서를 작성하여 이를 슐라이테임 고백서(Schleitheim Confession)라고 한다. 이 신앙 고백서는 재 침례교인의 기본 신조로 군대에 종사하지 않으며 맹세를 하지 않고 법정 다툼을 하지 않는다는 것 등을 골자로 하고 있다. 이들은 이로 인하여 고통을 받을 것을 생각했지만 고통을 받는 것은 그리스도를 따르는 것의 일부라고 믿었다. 따라서 사틀러는 체포되어 독일의 네카 강(Neckar River) 강변에 있는 로텐버그(Rottenburg)라는 마을에서 화형을 당하였고 그의 부인 역시 삼일 후 그 강변에서 수장을 당했다. 재 침례교 그룹의 구체적인 신념은 매우 다양하였으며 단일한 지도 체제가 없이 비밀스럽게 스위스, 독일 및 오스트리아 지역으로 확장되었다

재 침례교도들은 16세기 초창기 개신교와 로마 카톨릭 모두에게 심한 박해를 받았는데, 그 이유는 주로 성경 해석에서 지방정부와 상충되는 성경 해석 때문이었다. 그들은 마태 복음 5장에서 7장의 산상보훈의 말씀을 문자 그대로 받아들여 비 폭력을 주장하여 살인, 폭력, 맹세, 무력 사용 또는 군사적 행동에 참여하는 것을 거부한다. 재 침례교 인은 세례의 후보자가 그리스도를 믿는 신앙을 자유롭게 고백하고 침례를 요청할 때만 침례가 유효하다고 믿는다. 그들의 일부는 핍박을 피하여 더 동부로 이전하여 1530년대에 체코의 모라비아(Moravia)까지 갔다. 모라비아는 좀 동떨어져 있어서 기존 세력의 핍박이 덜했다.

동부 메노나이트(Eastern Mennonite) 대학의 교수인 바일러(Daryl Byler) 박사는 윌렘스(Dirk Willems)라는 순교자의 유명한 이야기를 소개한다. 윌렘스가 추격자를 피하여 도망가는데 그를 쫓아 오던 추격자가 얼음 사이로 물에 빠졌다. 이를 본 윌렘스는 돌아가 그를 구했는데 마침내 그는 추격자에게 잡혀 1569년

에 순교를 당했다고 한다. 오늘날 그는 재 침례교도 중에서 가장 유명한 순교자 중 한 명이며, 메노나이트와 아미쉬를 포함하여 네델란드의 현대 거주자들 사이의 민속 영웅이다. 그의 생애를 바탕으로 한 역사 드라마인 『더크의 출애굽』을 1989년 제임스 준케(James C. Juhnke)가 썼다. 2018년에는 네델란드에 있는 메노나이트 헤리티지 빌리지 박물관에서 윌렘스의 동상이 공개되었다.

1535년 극단적인 재 침례파인 잰 뷰켈(Jan Beukels; John of Leiden으로 알려 지기도 했다.)은 독일의 뮨헨에서 자신은 하나님의 선지자로서 마지막 때가 되었고 자신은 이 세상의 마지막 왕이며 다윗의 후계자라고 설파하면서 마을을 장악했다. 로마 주교를 따르는 카톨릭 군중은 잰과 그의 두 동조자를 체포하여 공개적으로 처형했으며 그들의 시체를 큰 철창에 넣어 성 램버트 성당(St. Lambert)의 종각 꼭대기에 전시했는데 이 철창은 아직도 남아 있다. 분해하는 그들의 시체는 50년 동안 철창에 남아있어 보는 사람들을 경고했다. 이들은 재 침례교들 중에서도 극단에 속하며 이들이 재 침례교의 주류를 형성하는 것은 아니다.

역사를 통하여 보면 교회에는 계급적 계층이 있게 마련이다. 그러나 재 침례교에는 계급적 조직이 없다. 이러한 사고방식은 전도의 다양성을 가져와 여러 개의 분파가 발생하게 했다. 재 침례교 중에서 제일 잘 알려진 구릅은 메노나이트(Mennonite)일 것이다. 이 구릅은 화란의 신부였던 메노 시몬스(Menno Simons)에 의하여 1540년경에 생겨났다. 그는 독일의 북부와 네델란드 등으로 다니며 전도를 했는데 그의 탁월한 지도력으로 인하여 그들의 대표자가 되었다. 동부 메노나이트 대학의 부총장이며 신학교의 학장인 킹 박사(Michael A. King)는 “그들은 마태 복음 5장에서 7장 사이에 있는 산상 수훈을 문자 그대로 받아들여 기독교인은 매일의 생활에서 이를 실천해야 하는 것으로 받아 들인다”고 말한다. 그래서 그들은 원수를 사랑하라는 성경 구절로 인하여 군에 복무하는 것을 거부한다. 그들은 외부 세계와 단절하여 생활했는데 그들 사이에도 여러 가지 이유로 인하여 분열이 있었다. 그 중의 하나는 아만(Jakob Amman)을 중심으로 한 구릅으로 현재 펜실바니아와 오하이오에 있는 아미시(Amish)가 그의 후예이다. 아만은 그에게 반대하는 신도를 철저히 처벌했다.

이들은 일반 사회와 엄격히 분리된 생활을 하며 한번 이들에 관계하면 모든 것을 바치고 공동생활을 한다. 이들은 사도행전에 있는 말씀을 근거(행 2:44-45)로 하여 모든 것을 나누며 초대 예루살렘 교회를 모방하며 성서적 공동생활(Christian communism)을 하였는데 오래 가지는 못했다. 1533년에 후터(Jakob Hutter)는 모라비아의 재 침례교도들을 단합하여 한 종파를 형성했다. 그는 깊은 학식은 없었으나 지도력이 뛰어나 오스트리아 정부의 탄압을 피하여 후터라이트(Hutterites)라는 집단 생활을 하는 구릅을 형성했다. 이들은 결과적으로 핍박을 받아 재산을 몰수 당하고 항가리 지역 외지의 동굴에 살며 핍박을 피했다. 그러나 후터도 임신한 부인과 함께 체포되어 화형에 처해졌다. 이들은 핍박을 받는 것을 예수를 따르는 것의 필수적 과정이라고 가르쳤으며 진정한 교회는 핍박받는 교회라고 주장하여 1660년 순교 신학(Theology of Martyrs)이 기독 신학의 핵심이라는 이론을 형성했다.

현재 전 세계에 4백만 명이 넘는 재 침례교인이 있다. 이중 제일 큰 구릅은 2백 만이 넘는 신도를 가진 메노나이트이다. 독일의 침례교 계통이 1백 50만이며 아미시가 35만이고 후터라이트가 5만이다. 현 세기에 들어 그들은 문화적으로는 많은 차이가 있지만 신앙적으로는 복음주의적 개신교 주류와 별로 다르지 않다.

# 제 5 장

⑤

⑤ 죤 칼빈
https://en.wikipedia.org/wiki/John_Calvin. 5/2/2021 검색

## 『기독교 강요』

『기독교 강요』(*Institutes of the Christian Religion*)는 기독교 개혁신학을 체계적으로 조직하여 표현하고 있으며, 기독교 신학이 집성되어 있는 대 저서로서 개혁신학에서 성경 다음으로 중히 여기는 책이다. 라틴어로 쓰여진 원본의 제목을 영어로 *Institutes of the Christian Religion*로 번역하고 한국말로는 『기독교 강요』라고 번역하는데 Institute 에는 "교훈"이라는 뜻도 있다. 칼빈은 평생 정열을 기울여 수정하면서 여러번 출판을 했는데 그 첫 번째 판은 1536년 그가 26세의 나이에 프랑스에서의 종교적 박해를 피하여 스위스의 바젤에서 피난민으로 있을 때 출판되었다. 제 2판이 1539년, 제 3판이 1543년, 그리고 제 4판이 1550년에 출판되었다. 그러나 그는 이 네 권의 책으로 만족하지 않고 한 권을 더 쓰기를 원했다. 이 무렵 칼빈은 죽을지 모른다고 생각할 정도로 피를 토하는 심한 병환이었지만 총체적인 마지막 판을1559년에 출판하였다. 이 총체적인 결정판은 4권 80장으로 되어 있으며 무려 50만 자에 이르는 대 역작이다. 이들은 모두 당시 지성인의 표준 언어인 라틴어로 출판되었다. 칼빈은 이들 제 2판, 제 3판, 제 4판, 그리고 최종판 등 모두를 1541년, 1545년, 1551년과 1560년에 각각 불어로 번역하였다.[52)]

『기독교 강요』는 성경을 기본으로 한 기독교 신앙의 총체적인 지침서이다. "프린스턴의 마지막 신학자" 라는 별명이 붙었던

52) 칼빈은 불란서 인으로 당시의 지성인들은 라틴어와 헬라어에 능했다.

프린스턴 신학교의 워휠드(Benjamin Warfield)교수는 "『기독교 강요』는 기독인이 하나님 말씀인 성경의 읽음"이라고 말했다. 그러므로 성도는『기독교 강요』를 읽어야 한다. 칼빈 자신은 『기독교 강요』 초판에 대하여 말하면서 "기독교의 주요 진리를 포함하는 자그마한 논문"이라고 했다. 라틴어의 '자그마한 논문' 이라는 표현에는 에는 '간단한 핸드북'이란 뜻이 있으며 이것은 어거스틴이 처음 저술한 조직신학의 제목이기도 하다. 칼 발트(Karl Barth)는 칼빈과『기독교 강요』에 대하여 쓰면서"개혁교회 역사의 첫 입구에 선생[칼빈]이 그의 교과서를 들고 서 있다"고 했다.[53)]

칼빈은 『기독교 강요』를 하나님을 아는 지식과 우리를 아는 지식이라는 두 가지 새로운 교리를 요약하는 것으로 시작한다. 『기독교 강요』 전체가 이 두 문장으로 시작된다는 것은 흥미로운 아이디어 이지만 마틴 루터, 쯔윙글리, 부써 등이 이보다 먼저 이러한 표현을 사용했다.

칼빈의 처음 네 출판과 총체적인 마지막 결정판 사이에는 놀라운 뚜렷한 차이가 있다. 마지막 결정판의 첫 번째 권은 창조주 하나님에 대한 지식을 다루고 있다. 두 번째 권은 그리스도 안에서 구속 주이신 하나님에 대한 지식을 다루며, 그 다음으로 어떻게 율법에 따라 우리에게 알려졌으며 그런 다음 어떻게 복음으로 우리에게 알려졌는지를 다룬다. 세 번째 권은 그리스도의 은혜를 받는 방식, 그로부터 우리에게 오는 유익, 그에 따른

53) Engelsma, David J. *The Reformed Faith of John Calvin*(Jenison, MI: Reformed Free Publishing Association, 2009), 13.

영향을 다룬다. 네 번째 권은 하나님께서 우리를 그리스도의 회중에 초대하여 그 안에 있게 하는 외적 방법과 도움에 관한 것을 기술하고 있다. 그러나 마지막 판의 내용은 이전 판의 내용을 훨씬 확장하였다. 그것은 권과 장으로 나누는 것에 대한것 뿐만 아니라 그 자료가 거의 새로운 작품으로 언급될 수 있을 정도로 늘어났다. 내용의 확장은 하나님의 형상, 그리스도의 업적, 칭의, 인간의 타락, 자유의지, 주기도문 등에서 더 명료하다.[54] [55]

## 1 『기독교 강요』를 쓰게 된 목적

칼빈의 『기독교 강요』는 박해받는 개혁 공동체의 변증이라고 할 수 있다. 특히 프랑스의 왕 후랜시스(Francis) 1세[56]에 대한 개혁 공동체의 변호이다. 이러한 칼빈의 저술은 당시 종교개혁자들에게 가해진 박해에 대한 항변이라 할 수 있다. 특히 불란서 왕에 대한 항변이다. 칼빈은 국왕에게 국민들의 신앙을

54) de Greef, Wulfert, translated by Bierma, Lyle D., *The Writings of John Calvin Expanded Edition* (Louisville, Ky: Westminster John Knox Press, 2008), 182-189.

55) 존 칼빈, 『기독교 강요 요약』, 이형기 역(경기도 고양시: 크리스천 다이제스트, 2008).

56) 후랜시스코 1세는 21세 때인 1515년에 왕위에 올라 1547년 죽을 때 끼지 불란서를 통치했다. 그의 통치 기간 동안에 유럽의 기독교는 지속적인 국제 균열을 겪었으며 마틴 루터의 설교와 저술은 프랑스를 포함하여 유럽에 퍼져있는 개신교 개혁을 촉발시켰다. 처음에 후랜시스코는 루터의 신학에 끌리는 사랑하는 여동생 마가리트(Marguerite) 영향으로 새로운 운동에 상대적으로 관대했다. 그러나 1534 년 10 월 17 일 밤, 카톨릭을 비난하는 "프랑카드 사건"을 자신에 대한 반항으로 생각하여 개신교에 대한 태도가 악화되었다. 인쇄물이 검열되었고 칼빈과 같은 주요 개신교 개혁자들이 추방당했다. 어떤 마을은 전소되기도 했으며 그의 개혁교회에 대한 박해는 수천 명의 사망자와 수만 명의 노숙자를 내었다.

존중할 것을 촉구했던 것이다. 1536년 판 서문에서 불란서 왕에게 보내는 편지를 썼는데 그 내용에서 칼빈이 『기독교 강요』를 쓰게 된 목적을 찾아 볼 수 있다.

> 내가 이 책을 쓰려고 할 때 왕이여, 당신의 존전에 드리고자 하는 것 외에는 다른 생각이 하나도 없습니다. 본인이 의도하는 것은 하나님을 섬기는 사람들에게 이 참된 경건을 배울 수 있는 원리를 가르치고자 하는 것입니다. 내가 이 책을 통하여 원하는 것는 불란서 국민을 위해서입니다. 나는 그들 중에서 예수 그리스도를 주님이라 부르고 그를 찾기에 목말라 하는 사람들을 보았는데 그들은 참으로 그리스도에 대하여 옳바른 지식을 가지고 있었습니다. 이 책에서 기독교 교리를 가장 쉬운 방법으로 썼는데 누구나 쉽게 이해할 수 있을 것입니다. 나는 악한 사람들의 포악이 당신의 왕조에 까지 들어갔으므로 건전한 교리가 파괴되어 가고 있는 것을 보았기 때문에, 이 책을 쓰는 것이 유익하다고 생각했고 또 당신에게 이 책을 나의 신앙 고백으로 드립니다. 이제 당신은 이 교리가 무엇인가 알게 되실 것이며 칼과 피로써 당신의 왕국을 어지럽게 하면서 이 교리에 반대하여 심히 노하고 있음도 알 수 있을 것입니다.

칼빈은 프랑스 재 침례교(Anabaptist) 반군과 동일시되어 심하게 박해를 받고 있는 프랑스 복음 주의자들을 위하여 왕에 대한 변증적 역할을 할것을 의도했다. 당시 전통적 로마 카톨릭은 복음 주의자들을 재 침례교와 동일시하고 핍박했던 것이다. 후랜시스코 1세는 또한 2월 1일 독일 개신교 왕에게 보내는 선언에서 복음 주의자들에 대한 박해를 미화하려고 했다. 왜냐하면 복음 주의자들을 당국이 조치를 취해야 했던 재 침례교 반군으로 생각했기 때문이었다. 복음 주의자들은 독일 개신교들과 같은 수준에 있지 않았다. 칼빈은『기독교 강요』를 통해 개혁자들의 동기를 왕에게 알리기를 원했다. 그는 왕에게 보낸 편지에서 복음 주의자들과 재 침례교도와의 사이에 거리를 두고 복음 주의자들에 대한 비난을 변호하며 로마 카톨릭의 종파주의 혐의에 민감하게 반응했다. 칼빈이 여기에서 말하는 것은 참된 개혁의 형태였다. 칼빈이『기독교 강요』를 쓰게 된 것은 기독교 교리 전체를 해명하기 위하여 쓴 것이었다고 하겠다.

칼빈은 라틴어 제2판의 독자들에게 알리는 글에서 자신의 목적을 정의하고 수정하였다. 여기서는 개혁주의 교리의 간결한 강해를 배우려는 사람들에게 성경을 읽는데 적절한 교리적 서론을 주고자 하는 것이라 하겠다. 칼빈은 1539년 라틴어 제2판 서문에서 다음과 같이 밝히고 있다. "나의 목적은 신학을 연구하는 사람들에게 성경을 쉽게 읽도록 해서 성경 이해에 빠른 진전이 있도록 하고 준비시키고 가르쳐 주는데 있다. 나는 기독교 전체를 각 부분에 있어서 이렇게 이해하고 이런 순서로 요약했다고 생각하기 때문에, 누구든지 내가 말하는 교리의 양식을 바로 이해하면 성경에서 스스로 찾아야 할 것과 자신의 목적을 무엇에 관련시켜야 할 것인지 쉽게 판단하고 해결할 수 있을 것이다." 이때의 것은 초판보다 증보된 것이었다.

## 2 『기독교 강요』1536

칼빈은 1533 년 말 또는 1534 년 초 프랑스 남부에 머물렀으며, 찰스 드 에스페빌(Charles d'Esperville)이라는 가명 아래 앙고레메(Angouleme)에 있는 성당의 신부인 루이스 뒤 틸레(*Luis du Tillet*)의 집에 있었다. 그곳에서 그는 두 틸레 목사의 큰 도서관을 자유롭고 조용하게 사용할 수 있었으며 신학 연구를 하기에 적합하여『기독교 강요』의 첫 번째 편집을 할 수 있는 기회를 가졌다. 칼빈의 신학과 삶을 이해하기 위해서는 그의『기독교 강요』의 첫 번째 판을 이해하는 것이 필수적이다. 여기서 칼빈은 기독교의 진리를 선포할 뿐만 아니라 그리스도를 갈망하는 그의 백성들을 계몽하고 설득하고자 했다. 그는 또한 외부인들에게 프로테스탄트의 대의를 옹호했다. 우리는 칼빈의 책임감과 그의 진술에 대한 예리함을『기독교 강요』에서 알게 된다.

칼빈은 1535 년에 첫 번째 책을 완성했다. 이때에 출판된 것은 주머니에 넣을 수 있는 작은 책 이었으며, 바젤에 있는 토마스 프레터(Thomas Platter) 출판사에서 라틴어로 인쇄하였다. 당시 라틴어는 성직자들과 상류 지식인들의 전문 용어로서 평신도들은 라틴어를 몰랐다. 이 책이 라틴어로 쓰여진 것은 전문가들을 위한 것이라는 것을 의미한다. 이 당시는 책 전체가 6장으로 되어 있었다. 이 책은 신학에 대하여 어느 정도 지식이 있는 독자들에게 기독교의 원리들을 교육하는 교리의 기본적 교과서로서 쓰여 졌으며 교회와 성찬에 대한 교리를 비롯하여 이신칭의(以神稱義)와 기독교인의 자유에 이르기 까지 광범위한 신학적 제목을 다룬다. 이 책은 출판된 지 일 년도 못되어 매진될 정도로 독자들의 관심을 끌었고 재판(再版)에 대한 요구가 있었다. 그러나 이 초판은 라틴어로 되어 있기 때문에 독자층은 소수에 지나지 않았다. 당시 문맹율은 약 90%로 추정되고 있으며 특히 평신도들은 라틴어를 몰랐는데 만약 이 초판이 불란서어로 쓰여졌다면 더 많은 사람들에게 큰 영향을 끼쳤을 것이다.

책의 제목을 보아서 경건에 대한 모든 것을 제공하고 구원의 교리에 관해 알아야 할 절대적인 것을 설명한다는 것을 알 수 있다. 새로 출판된 이 책은 경건하기를 원하는 모든 사람들이 읽을 가치가 있다고 말한다. 칼빈은 처음 시작에서 성스러운 교리가 두 부분으로 구성되어 있다고 지적한다. 여기서 그 내용을 간단히 살펴보면 제 1장에서는 율법, 제 2장에 신조, 제 3장에서는 주기도문, 제 4장에서는 세례와 성찬에 대하여 쓰고 있다. 이것은 루터의 요리문답 순서대로이며 십계명, 사도 신경 및 주기도문의 순서이기도 하다. 그리고 제 5장에서는 거짓된 성례에 관하여 썼으며, 고해, 성직 임직식, 입교식, 결혼식 등의 성례를 논했다. 제 6장에서 기독신자의 자유문제를 다루었으므로 매우 변증적인 것이라 할 수 있다. 이 장에서는 기독신자의 자유뿐 아니라 복음적 교회와 국가 간의 관계를 논했다. 이러한 내용으로 보아 마틴 루터, 멜랑히톤, 마틴 부써 및 쯔윙글리의 영향을 받은 것으로 추정된다.[57)]

외형적으로는 요리 문답과 비슷하다. 이 책의 처음 네 장의 순서는 루터가 1529년에 출간한『소 요리 문답』(*Small Catechism*)의 형태와 아주 비슷하다. 중세 시대에 관습적이었던 것처럼, 칼빈은 이 장들에서 율법, 사도 신경, 주기도 문, 그리고 침례와 성찬[58)]에 대한 설명을 한다. 이 책의 외형적 특징은 다음 두 장에서 볼 수 있는데, 하나는 성례에 관한 것이고, 다른 하나는 기독교인의 자유, 교회와 국가에 대한 기독교 교리, 그리고 영적, 현세적 정부에 관한 것이다. 우리는 『기독교 강요』가 형식뿐만 아

57) degree, Wulfert, *The Wrlings of John Calvin, translated by Bierma, Lyle D.(Louisville, Ky.*: Westminster John Knox Press, 2008), 183

58) 칼빈은 적어도 매주 성찬을 해야 한다고 했으며 그러한 교회 예배를 위한 순서를 제공했던 것은 흥미로운 일이다.

니라 내용에서도 루터의 영향을 받았다는 것을 주목해야 한다. 칼빈은 루터가 1520년 저술한 『그리스도인의 자유』와 교회의 바빌론 포로에 대한 저술에 영향을 받았으며 루터의 다른 출판물도 이용했다.

## 3 『기독교 강요』의 수정

칼빈은 『기독교 강요』초판을 1536년에 발행한 후 1559년에 이르기 까지 23년 사이에 평생을 두고 네 차례에 걸쳐 수정 보완하였다. 그러나 실제에 있어서 네 차례만이 아니며 라틴어 판과 불란서 판 모두를 계속하여 수정 보완하였다. 이와 같이 칼빈은 세상을 떠날 때 까지『기독교 강요』를 여러 번 수정하였는데 이는 칼빈이 끊임 없이 성경을 비롯하여 교부들과 다른 개혁자들을 연구하고 공부하였다는 것을 의미한다. 그러나 그의 신학이 처음에 비하여 변하였다는 것은 아니다. 그의 신학의 근본 내용은 변하지 않았지만 그 내용이 더 깊어 졌고 표현이 발달하였다. 『기독교 강요』는 내용과 규모가 방대하여 다른 작가들에 의한 축소판도 있다. 따라서 한국어 번역이 여러 형태로 출판되어 기독교 지성인들을 혼동시킬 수 있다고 생각되어 이의 분명한 이해를 위하여 비교적 자세히 그 수정 과정과 내역을 설명한다. 우리는 가끔 "칼빈주의 신앙에 입각하여"라는 표현을 보수적 신앙인에게서 듣는데 조심하여야 할 표현이다. 가끔 칼빈을 너무 신성화(神聖化)하는 것이 아닌가 하는 생각을 갖게 하기 때문이다. 우리가 믿는 것은 성경을 중심으로 한 하나님 말씀의 신앙이지 칼빈주의가 아니라는 것을 명심하여야 한다.

## 3. 1 『기독교 강요』 1539

당시의 역사적인 소용돌이 속에서 칼빈은 1539년『기독교 강요』 제2판을 다시 라틴어로 출판하였다. 제2판에서는 처음 두 장의 내용에서 체제를 완전히 달리하였다. 초판 당시 제1장 율법에 요약되었던 것을 1, 2장으로 나누어 하나님을 아는 지식과 사람을 아는 지식, 구약과 신약의 관계, 성화, 천년왕국 반대론을 기록하고 있다. 제2장의 내용을 보다 세분하여 회개, 신앙, 칭의, 예정, 섭리 등을 각 장으로 나누어 썼다.

칼빈은 제네바에서 추방된 후 1538 년 스트라스부르그(*Strasbourg*) 에 정착했을 때, 『기독교 강요』의 두 번째 라틴어판을 쓸 기회를 갖게 되었다. 1539 년 8 월 1 일, 그는 1536 년판의 3 배에 달하는 제 2 판의 서론을 스트라스부르그에서 완료했다. 로마 카톨릭 지역에 배포하기 위하여 알쿠이누스(Alcuinus)라는 가명으로 많은 사본이 인쇄되었다. 칼빈은 이 판의 제목이 실제 작품에 부합한다고 덧붙였다. 1536 년 판은 주로 일반 사람들의 교육을 위한 교리적 핸드북이었다. 그러나 그는 새 판에서 신학생들을 마음에 두고 신학생들이 성경의 목적과 내용에 익숙해지기를 바라며 썼다. 여기서 우리는 칼빈이 그의 주석에 대한 성경 해석과『기독교 강요』의 신학적 주제에 대한 해석의 견해를 발견한다. 이때의 제2판은 그로부터 2년 후인 1541년 1월에 칼빈이 제네바로 돌아 온 후에 불란서어로 번역하여 출판되었다. 이것이 당시 라틴어를 아는 많은 사람들을 읽히게 한 동기가 되었으므로 개혁에 많은 영향을 주게 되었다. 그러므로 불란서 의회에서는 1542년 7월 1일 칼빈의『기독교 강요』 라틴어 판과 불란서 번역판을 이단서로 낙인을 찍었고 읽지 못하도록 파리의 노틀 담 성당 앞에서 공개적으로 불태웠다.

칼빈은 제2판 부터는 라틴어와 불어, 두 언어로 썼다. 당시 라틴어는 지식인과 학자들의 언어였으며 불어는 평민들의 언어였다. 라틴어를 사용함으로서 당시 신학자와 성직자, 지식인들을 대상으로 했다는 것을 알 수 있다. 그러나 평민을 대상으로 불어를 사용했다는 것은 특별한 의미가 있다. 신학자와 학자들뿐만 아니라 평신들을 상대로 개혁신앙이 가르치는 만민사제설(萬民司祭設)을 심각히 염두에 두었다는 것을 의미한다.

칼빈은 라틴어 제2판의 독자들에게 알리는 글에서 자신의 목적을 정의하고 수정하였다. 여기서는 개혁주의 교리의 간결한 강해를 배우려는 사람들에게 주고자 하는 것보다는 성경을 읽는데 적절한 교리적 서론을 주고자 하는 것이라 하겠다. 그는 제 2판의 서문에서 그의 목적을 다음과 같이 밝히고 있다. “나의 목적은 신학을 연구하는 사람들에게 성경을 쉽게 읽도록 해서 성경 이해에 진전이 있도록 하고 준비시키고 가르쳐 주는데 있다. 나는 기독교 전체를 각 부분에 있어서 이렇게 이해하고 이런 순서로 요약했다고 생각하기 때문에, 누구든지 내가 말하는 교리의 양식을 바로 이해하면 성경에서 스스로 찾아야 할것과 자신의 목적을 무엇에 관련시켜야 할 것을 쉽게 관단하고 해결할 수 있을 것이다.”

그는 라틴어 2판의 독자를 대상으로 한 에세이에서 개혁주의 교리에 대해 간결하게 설명하기보다는 성경을 읽는데 적합한 교리를 소개한다. 이 새 버전에서 칼빈은 1536년 판의 6장의 내용은 유지했지만 몇 가지 새로운 장을 추가하여 총 17개 장으로 구성하였다. 처음 두 장은 하나님에 대한 지식과 자기 자신 및 자유 의지에 대한 지식을 다룬다. 이 장들과 추가된 다른 부분에서 다루어 진 주제들에서, 멜랑히톤의 영향을 받았음을 발견할 수 있다. 구약과 신약의 관계에 관한 장, 유아 세례에 대한 직접적인 방어, 그리고 그가 교회에 대해 간증한 것에서 칼빈은 스트라스부르그에서 침례론자와 상당한 접촉이 있은 것으로 보인다. 이 판의 『기독교 강요』에서 로마 서신에 대한 논평은 부써의 영향을 감지하게 한다. 이 영향은 특히 칼빈이 예정론에 관해 쓴 내용에서 볼 수 있다. 그는 예정론과 섭리의 교리를 한 장에서 토론하면서 구원에 관한 실질적인 질문을 다룬다.

### 3. 2 『기독교 강요』 1543

칼빈의 『기독교 강요』 제3판이 1543년에 라틴어로 또 출판되었다. 장 수가 총 21개로 증가되었다. 이 버전에서는 수도원에 관한 내용을 포함했으며 사도신경, 교회 및 교회의 조직에 대한 내용을 확장했다. 교회의 임무는 예수께서 재림하실 때까지 그를 증언하고 예배하는 것이다. 교회는 신자와 사악한 자를 모두 포함하기 때문에 징계에 있어서는 아주 조심하여야 한다. 이 판의 프랑스어 번역본은 1545년에 제네바에서 출판되었다.

### 3. 3 『기독교 강요』 1550

칼빈은 제4판을 1550년 라틴어로 제네바에서 출판 하였고, 다음 해인 1551년에 불란서의 번역판을 출판하였다. 칼빈은 제4판을 내면서 역시 증보 수정을 하였다. 독자들이 읽기 쉽도록 각 장을 각각 구절로 나누었다. 특히 이 때에 성경의 권위에 관한 내용이 증보되었고 성자숭배와 형상 숭배에 관한 것을 논박하고 인간 양심을 해설한 것이 증보되었다. 1553년, 1554년 및 1557년에 재판이 인쇄되었다. 1551년의 불란서 번역판에는 1550년 라틴어 판에 육체의 부활 등을 추가했다. 이 추가된 부분은 1559년 라틴어 판에도 첨가되었다.

## 4 『기독교 강요』 1559 – 최종판

칼빈은 1558년에서 1559년 사이의 겨울에 병이 심각했지만 후세들을 위하여 최종판의 출판을 강행하여 1559년 8월 최종판을 출판하였으며 1560년에 불란서 번역판을 출간했다. 1559최종판은 4권 80개의 장으로 세분하여 구성되어 있으며 50만 자의 걸작이다. 첫 번째 권은 창조주 하나님에 대한 지식과 그리스도의 구속하는 지식을 다루며 두 번째 권은 복음, 세 번째 권은 그리스도의 은혜와 그것에서 우리에게 오는 후속 효과를 다루며 네 번째 권은 하나님께서 우리를 그리스도의 사회로 초대하는 외부 수단과 보조를 위주로 한다.

칼빈은 하나님과 우리 자신에 대한 지식이 서로 연결되어 있기 때문에 하나님을 알지 못하면 자신을 알 수 없고, 자신을 알지 못하면 하나님을 알 수 없다는 말로 『기독교 강요』의 마지막 판을 시작한다. 그리고 칼빈은 어느 것이 먼저 오는지 모른다고 증언한다. 『기독교 강요』 전체가 이 두 절로 시작한다는 것은 새로운 생각이지만 마틴 루터, 쯔윙글리 및 다른 작가들도 이 표현을 사용했으며 이는 흥미로운 일이다.

사도신경의 순서를 따라 편찬한 것으로 초판 때 보다는 완전한 내용과 체제를 갖춘 것이다. 칼빈의 『기독교 강요』는 칼빈이 살아생전에 저술한 훌륭한 작품이었으며, 그가 떠난 오늘날에도 조금도 변함없는 완벽한 대저이다. 칼빈을 프로테스탄트 신학 역사의 주요 인물로 만든 것은 주로 이 책이었다. 마지막 최종판인 네 권의 책은 핵심 신학 사상의 총 집합체이다. 그 순서를 내용적인 면에서 보면 역시 전통적 기독교 교훈의 순서인 사도신경과 주기도문의 순서를 따른다.

- 제 1 권 창조주 하나님과 우리에 대한 지식

제 1권의 서언은 창조주 하나님을 아는 지식과 우리를 아는 지식으로 시작한다. 이것은 1536년 판과도 같다. 그는 하나님의 위대하심과 사람의 타락을 강조함으로써 제 1권의 서두를 장식한다. 사람들은 하나님께 복종하고 하나님 아버지의 보살핌을 신뢰해야 한다. 우리가 보는 모든 곳에는 하나님의 영광의 징조가 있다. 우리는 하나님에게서 더 나은 도움이 필요하기 때문에 그의 말씀을 더욱 신뢰하여야 한다. 하나님이 성경의 저자라는 가장 중요한 증거는 우리 마음 속에 있는 성령의 간증이다.

- 제 2권 그리스도 예수 안에서의 구세주 하나님

제 2권은 율법에 따라 조상들에게 처음으로 알려졌고 다음으로 복음으로 우리에게 알려진 구속 주 그리스도이신 하나님(聖子)에 대한 지식을 다룬다. 제 2권에 설명되어있는 원죄는 인간 본성의 유전적 타락으로 정의하여, 우리를 하나님의 진노에 합당하게 만든다. 인간의 본성은 모든 선을 잃었을 뿐만 아니라 모든 악에서 끊임없이 유혹을 받는다. 타락의 결과로 인간의 의지는 더 이상 자유롭지 않고 죄에 속박된다. 오직 신성한 은혜만이 의지를 나쁜 것에서 좋은 것으로 바꾸고 우리 안에서 선한 일을 할 수 있게 한다. 은혜는 선택된 자에게만 주어지며, 사람의 공로나 선한 일 때문에가 아니라 순수하고 자유롭게 주어진다. 칼빈의 그리스도 교리는 전통적인 정통을 따른다. 그리스도께서는 우리를 위해 사람이 되셨고, 하나님의 본성과 사람의 본성을 소유하셨고, 우리를 위해 죽음을 극복하셨으며, 천국으로 가는 길을 열어 주셨다.

- 제 3권 우리가 그리스도의 은총을 받는 방법

제 3권은 우리가 그리스도의 은총을 받는 방법과 그로부터 오는 혜택, 그리고 그 결과를 다루며 사람들에게 은혜를 가져 오는 성령의 역사를 다룬다. 신앙은 성령의 주요 업무이다. 칼빈은 루터의 믿음으로 의로워 짐을 따른다. 인간은 그리스도의 의로 말미암아 믿음으로 의롭게 되며, 하나님의 눈으로 우리가 스스로 정당화 될 수 없기 때문에 우리는 행위에 대한 확신을 가질 수 없다. 칼빈은 또한 이 권에서 모든 사람이 영원한 삶이나 영원한 죽음으로 선택되는 예정론에 대한 결정적인 교리를 다루고 있다. 구원을 위해 선택되는 택함은 공로에 의존하지 않는다.

그것은 참으로 은혜로운 은혜의 선물이다. 칼빈에 따르면, 이 교리는 많은 사람들이 주장하는 것처럼 도덕적 권고와 선한 삶의 필요성을 위축시키지 않는다. 우리는 누가 예정되어 있는지 알지 못하므로 모든 사람의 구원을 위하여 기도하고 나머지는 하나님께 맡겨야 한다.

• 제 4권 하나님께서 우리를 그리스도의 회중으로 초대하시는 외적인 방법

제 4권은 하나님께서 우리를 그리스도의 회중으로 초대하시는 외적인 방법과 도움을 주시는 것에 대하여 설명한다. 이 마지막 권의 내용은 이전 판에서 많이 확장되었다. 권과 장의 구분에 대한 언급 뿐만 아니라, 거의 새로운 작품이라고 할 수 있을 정도로 자료가 증가했다. 내용의 확장은 하나님의 형상, 그리스도의 사역, 의화(義化), 인간의 타락, 주기도문에서 더욱 분명해진다. 마지막 권인 제 4 권에서는 교회도 설명한다. 교회에서 우리의 믿음을 위해 복음이 전파되고 성찬이 집행된다. 교회 밖에서는 구원이 없다. 교황의 교회는 진정한 교회가 아니라 적 그리스도의 왕국이다. 칼빈은 교황권에 대한 공격에 여러 지면을 할당했다. 성례의 경우 칼빈은 침례와 성찬례를 받아들인다. 다른 개혁자들과 마찬가지로, 그는 침례가 구원에 필요하다는 것을 부인하지 않으며 유아 세례를 방어한다. 주님의 만찬에서 그는 가톨릭과 루터교 형태의 실제 존재를 거부하지만, 믿음으로 우리는 그리스도의 실제 몸에 참여한다고 주장한다.

『기독교 강요』의 완벽한 영어 번역은 다섯 가지 —넷은 라틴

어 판의 번역이며 하나는 불란서 판의 번역— 이다. 첫 번째 영어 판은 1561년 칼빈이 살아 있었을 때 토마스 놀턴(Thomas Norton)이 번역했고, 19세기에 존 앨렌(John Allen: 1813)과 헨리 베버리지(Henry Beveridge:1845)[59]가 각 각 번역하였으며 가장 최근의 것은 포드 배틀스(Ford Lewis Battles)가 1960년에 번역하여 웨스트 민스터 출판사(Westminster John Knox Press)에서 출판했다. 파커에 의하면 놀턴의 번역이 원문에 가장 충실하며 베버리지의 것은 앨렌의 것보다 더 정확하며 배틀스의 번역에는 산만한 오류가 많다.[60] 칼빈은 1539년 라틴어 판을 1541년에 처음으로 불란서어로 번역하였다. 그 후로는 불란서 판을 1545년, 1551년, 1560년에 출판하였다. 칼빈의 불라서어 판은『킹 제임스 성경』이 영어의 발달에 공헌한 것처럼 불란서어의 발달에 많은 공헌을 하였다. 불란서 판(1541)의 첫 영어 번역은 엘시 앤 맥키(Elsie Anne McKee)가 2009년에 하였다.『기독교 강요』는 그 양이 방대하기 때문에 여러 가지 축소판이 있다. 이것들은 요약이 아니라는 것에 주의하여야 한다.『기독교 강요』의 헨디릭손 출판사(Hendrickson Publishers) 의 것은 칼빈의 마지막이자 완전한 라틴어 판을 기반으로 한 축소판이다. 가장 최근 것은 베버리지의 번역을 이용한 토니 레인(Tony Lane)과 힐라리 오스본(Hilary Osborne)의 축소판이다.

---

59) Henry Beveridge(1799 - 1863)는 스코트랜드 인으로 변호사이며 번역가이다. Calvin Translation Society를 설립하여 1845에서 1955사이에 칼빈의 저서들을 영어로 번역하였다. 본 논문에서는 베버리지의 영어 번역본을 참고로 했다.

60) Engelsma, David J. *The Reformed Faith of John Calvin*(Jenison, MI: Reformed Free Publishing Association, 2009).

## 5 『기독교 강요』의 진가

칼빈은『기독교 강요』를 라틴어와 불란서어의 두 언어로 썼다. 그러나 처음 1536년 판은 라틴어로만 썼으며 그 다음 수정본들은 모두 라틴어와 불란서어로 썼다. 당대에 라틴어는 지식인들의 표준 언어로 학자들과 성직자들을 위한 언어였으며 불란서어는 일반 대중의 언어였다. 칼빈이 첫판『기독교 강요』를 불란서어로 번역하지 않은 것은 이 책은 전문가들을 위한 것이라는 것으로 해석할 수 있다. 그러나 그 다음 수정본들은 모두 일반 대중의 언어로 번역하였기에 그들도 그 내용을 전문가답게 알기를 권하는 것으로 이해될 수 있다. 그는 개혁의 가르침인 만민의 사제설을 심각하게 생각한 것으로 평가된다. 『기독교 강요』의 진가(眞價)— 특히 신학의 초보자에게— 는 우리가 개혁 신앙 안에서 신학의 체계와 단일성을 배우는 것이라고 하겠다. 우리는 개혁 신앙의 열렬한 변증을 배우게 된다. 이것은 칼빈의 시대에는 물론 그랬지만 현세에서도 그렇다. 예를 들면 유아 세례에 대한 배척과 이에 수반되는 옛 언약과 새 언약(섭리)에 대한 오해는 칼빈의 시대나 현세에 있어서 마찬가지 이다. 이러한 경우에 칼빈의 교리는 진정한 변증을 제공한다.

우리는『기독교 강요』에서 경건을 배우게 되며『기독교 강요』는 성서 다음으로 성서적이다.『기독교 강요』는 칼빈의 시대나 오늘에 있어서 막강한 영향력을 발휘한다. 이 책은 종교개혁의 모든 책 중에서 가장 설득력이 있고 이론적이고 분명하고 열렬하게 그 교리를 전한다. 많은 사람들에게 기독교인으로서의 새로운 생활을 하게하는 영감을 준다. 맥네일(John McNeill)은 "『기독교 강요』는 역사의 과정을 바꾸어 놓은 책"이라고 평가하면서 "지난 400년 가까이 개혁교회에서 신학의 가장 근본적인 교과서이며 현대 사상의 창조자"라고 말한다. 유니언 신학교의 교수였던 샤프(Philip Schaff) 박사는 "『기독교 강요』는 어거스틴의 『하나님의 도성(*City of God*)이나 토마스 아퀴나스(Aquinas)의 『신학 요약』(*Summary of Theology*)과 같은 수준의 신학고전이다"고 말한다.

와필드(Benzamine Warfield)는 다음과 같이 평가한다.

> 개혁 운동의 첫번째 설득력 있는 선언으로『기독교 강요』는 개혁 신학의 발전의 기반이며 350년이 지난 지금에도 의심의 여지가 없이 가장 영향력이 있고 위대한 독보적 논문이다.
>
> "『기독교 강요』의 가장 중요한 업적은 하나님의 섭리아래 개혁 신앙과 장로 교회에 대한 개혁 자체이다"고 와필드는 말한다. 『기독교 강요』는 믿는자들의 신앙 고백으로 16세기에 교회의 개혁을 완전하게 성취했다. 이러한 교인들의 증언으로『기독교 강요』는 서구 문명에 가장 큰 영향을 준 문헌이다.[61]

유니언 신학교의 교수였던 맥네일(John McNeill)은 자신의 저서인 『칼비니즘의 역사와 성격』에서『기독교 강요』는 "역사의 과정에 심각한 영향을 준 소수의 책중의 하나"라고 평한다.[62]

---

61) Engelsma, David J. *The Reformed Faith of John* Calvin(Jenison, MI: Reformed Free Publishing Association, 2009).

62) McNeill, John T. *History and Character of Calvinism*(New York: Oxford University Press, 1967), 119.

『기독교 강요』의 진가는 사람들로 하여금 하나님을 알게 하며 하나님에게로 나오게 하는 것이다. 그리고 칼빈은 그렇게 하기 위하여 꾸준히 노력했다. 이러한 그의 노력은 그의 끊임없는 『기독교 강요』의 수정에서 나타난다.

# 제 6 장

⑥

⑥ 보름스 국무회의 광경. 이 회의에서 루터와 카톨릭의 최종 결단이 났다.

https://en.wikipedia.org/wiki/Diet_of_Worms. 5/2/2021 검색.

## 선지자와 개혁자

종교 개혁의 역사는 다양한 각도에서 설명할 수 있다. 개혁의 역사는 그 자체로 상당한 분량의 책이 된다. 그러기에 필자는 지성적 기독 신앙에서 중요한 몇 가지 역사적 사건만을 설명했다. 이번 장에서는 개혁의 역사를 그와 관련된 주요 역사적 인물에 대한 전기를 간단히 제시하려고 한다. 우선 일반적으로 종교 개혁을 바로 이해하려면 그 역사적 배경을 이해하여야 하는 것과 마찬가지로 이러한 관점에서 개혁기 이전의 선지자들의 개혁 운동을 설명하고 다음으로 개혁기의 개혁자들의 전기를 간단히 기술하고자 한다.  이들의 공헌을 기리고 싶은 마음에서 이기도 하다.

### 1 개혁 이전의 선지자

일반적으로 개혁은 루터가 1517년 10월 비텐베르그 성당의 문에 자신의 95 개 논제(論題)을 계시했을 때 시작되었다고 인정하지만, 이 자체가 역사적 사실과 조금 다를 수 가 있다. 루터가 그의 논제를 계시하기 약 200년 전에 종교 개혁이 시작되었다고 주장하는 학자들이 있다. 중세 시대에는 누구든지 교황이나 교회에 반하는 말을 하면 화형을 당할 위험이 있었다. 그럼에도 불구하고 하나님의 의(義)를 위하여 목숨을 걸고 교회와 이에 관련된 사회의 잘못된 관행에 대하여 경고하고 개선을 주장한 신실한 선지자들이 있었다. 십사세기에 이르러 중세의 교회와 교황청의 부패는 사소한 결함 정도가 아니라 근본적이고 구조적 문제에 대한 수정이 절실히 필요하다는 것이 교회의 저변에 분명해 졌다. 개혁을 위한 이러한 선지자들의 주장은 십육세기의 위대하고 필수적인 개혁을 예고하고 있었다.

이러한 선지자들의 주제는 16세기 개신교 개혁 신학의 토대를 형성했지만 그들의 영향은 그 목적을 성취하기에는 너무 미약했다. 하지만 이들 선지자들은 개혁을 성취하는데 귀한 공헌을 하였으며 개혁을 위한 비옥한 기반을 형성했다. 이들 개혁기 이전의 선지자들은 종교 개혁의 새벽 별이었다. 이들의 희생으로 인하여 루터의 개혁 운동이 자신의 생명에 대한 위험을 적게 받고 더욱 빠르고 널리 전파될 수 있었다.

### 1.1 파두아의 마르실리우스

마르실리우스(Marsilius of Padua:대략 1275 - 1342)는 이탈리아 북부의 파두아에서 태어났다. 아마도 파두아 대학에서 의학을 공부하였고 그 후 파리 대학에서 공부한 그는 "신의 철학자"라고 불렀던 아리스토텔레스의 헌신적인 추종자가 되었다. 마르실리우스는 1313년에 파리 대학의 총장으로 재직했다. 그가 1324년에 출판한 *Defender of Peace*(『평화의 수호자』)라는 책은 교황 요한 22세와 신성로마제국의 황제 후보로 선출된 루이스 사이의 권력 투쟁의 배경에서 작성되었다. 그는 교황권을 강력하게 공격하고 국가는 사회의 통일 세력이며 교회는 국가의 권위에 종속되어야 한다고 주장했으며 교회에는 초월적 권위가 없다고 주장했다. 그는 그의 논문에서 교황 권으로부터 신성로마제국의 독립을 주장했다. 제국이 중요한 영토를 가지고 있던 이탈리아 반도에서 루이스의 정책은 교황의 영토에 대한 주권을 위협했다.

마르실리우스는 예수님이 어떤 현세적 능력도 갖고 있지 않았다는 것을 지적하면서 변론했으며 교회가 어떤 세속적 권한을 행사하도록 의도하지도 않았음을 보여주었다. 반대로 성경은 교회가 세속적 문제와 영적 문제 모두에서 국가에 철저히 종속되어야 한다고 주장했다. 그의 논제는 종교 개혁에 현저한 영향을 미쳤다. 그는 교회의 모든 권위는 교황이 아니라 신자들 전체에 있다고 주장했다. 『평화의 수호자』는 14세기 유럽에서 출판된 가장 중요한 정치 및 종교 저술 중 하나이다. 마르실리우스는 이단자로 규정되었고 1327년에 교황 요한 23세에 의해 파문되었다. 그는 남은 생애를 황제의 보호 아래에서 보냈다.

### 1.2 존 위클리프

존 위클리프(John Wycliffe:1324-1384)는 영국 요크셔(*Yorkshire*)에서 태어났으며 그의 가족은 여러 세대에 걸쳐 그곳에 정착했었다. 그는 1356년 옥스포드의 멜톤(Merton) 대학에서 학사 학위를, 1372년에 신학 박사 학위를 받았다. 옥스포드 대학의 철학자이자 신학 교수였으며 종교 개혁에 가장 중요한 새벽별 중의 한 명으로 그의 삶은 옥스포드를 중심으로 이루어 졌다. 위클리프는 1348년 여름에 유럽인의 4 분의 1을 죽인 흑사병이 영국에 전염되었을 때 살아남을 수 있었다. 역사상 가장 많은 사람을 죽인 이 역병으로 런던에서 10 만 명이 죽었고 영국 인구의 절반이 생명을 잃었다.[63] 백년 전쟁과 경제적 환란이 겹쳐 혼란스러운 시기에 로마 카톨릭 교회는 극도로 부패해 있었다. 이러한 종교적, 사회적 상황 속에서 위클리프는 로마 교회의 모순을 지적하며 이의 시정을 주장했다.

위클리프는 면죄부의 개념에 대하여 반대했으며 성경보다 우위에 두는 교황의 권위에 대한 모순성을 지적했다. 위클리프는 성경이 교회의 유일한 권위이며 교황권은 성경에서 인정되지 않았다고 주장했다. 그는 교황 제도 전체가 반 기독교적이며 교황은 "자신을 하나님보다 더 찬양한 죄인"이라고 선언했다. 그는 로마 교회의 화체설(化體設·transubstantiation) 교리는 미신적이며 도덕적, 영적 측면에서 방해가 되는 것이라고 공격하였다. 르네상스를 낳은 근본으로 돌아가자는 논리를 주장했으며 이와 유사한 개념으로 종교 개혁에도 매우 중요한 요소라고 주장하면서 성경을 원어로 읽을 것을 주장했다.

위클리프 시대의 사제들은 평신도들이 성경을 잘 못 이해할 수 가 있어 사람에게 해가 될 것이라고 주장하면서 성경을 읽는 것을 금지했다. 이 때문에 평신도들은 구전으로 성경을 전수받고 배워야 했다. 이러한 때에 위클리프는 성경이 하나님의 말씀이라는 믿음으로 성경을 번역하여 1382년에 완성시켰으며 그 후 그의 제자들이 추가로 보완하였다. 그는 히브리어 성경을 1380년에서 1392년 사이에 현재 위클리프 성경으로 알려진 중세 영어로 번역하였다. 수정된 형태의 위클리프 성경 번역본의 약 250여 점 남아 있다. 당시에는 인쇄기가 없어서 하나하나를 손으로

---

63) David Fountain. *John Wycliffe: the Dawn of the Reformation*(Southampton, England: Mayflower Christian Books, 1984), 8-9.

써야 했던 것을 생각하면 그의 영향력이 얼마나 컸는가를 짐작할 수 있게 한다. 2016년에 한권이 경매에서 $1,692,500.에 팔렸다. 영국에서 위클리프 추종자들은 종종 그들의 반대자들에 의해 "성경 인"(Bible Men) 이라고 불렸다.

위클리프는 또한 보이는 현세 교회와 영원한 이상적인 교회 사이에 중요한 차이가 있다는 교회 이론을 발전시켰다. 1382년, 위클리프는 옥스포드에서 열린 노회(Synod)에 소환되었지만 응하지 않았으며 영국 교회는 위클리프를 이단자로 선언했다. 그는 1384년에 뇌졸중으로 그가 출석하는 교회에서 사망했다. 그럼에도 불구하고 위클리프는 후대의 개혁자들에게 막대한 영향을 미쳤으며 그는 초기 개혁자들 중의 한 사람이라고 불리운다.

1401년에 제정된 반(反) 위클리프 법령(Anti-Wycliffe Statute)은 그의 나머지 추종자들을 박해했다. 그가 죽은 지 30년 후인 1415년에 그의 가르침은 콘스탄스 공의회에 의해 정죄되었다. 공의회는 위클리프를 소급적으로 이단자로 선언하여 위클리프의 무덤을 파헤쳐 그의 유해를 불에 태웠고 그 재는 스위프트(Swift)라는 이름의 인근 개울에 버려졌다. 이 개울은 영국의 중심을 지나 흐르는 쉐익스피어의 고장인 아본(*Avon*)의 아본 강으로 흐르고 아본 강은 대서양으로 흐른다. 결국 위클리프의 유해가 대서양에 까지 전달되어 전 세계에 퍼졌다는 의미를 갖는다. 이와 같이 그가 번역한 성경도 전 세계에 퍼졌다. 루터가 자신의 논제를 비텐베르그에 있는 성당 교회 문에 못 박기 100 여년 전의 일이었다. 그는 영국 종교 개혁의 아버지라고 불리운다.

## 1.3 존 후스

존 후스(John Huss 또는 Jan Hus: 1372-1415)는 1373 년경 독일 남부 보헤미아(Bohemia)의 농부 부모에게서 태어난 체코 신학자였다. 그의 가족에 대해서는 알려진 바가 거의 없다. 그의 성은 당시의 일반적인 명명 관행에 따라 그의 고향 마을 이름에서 유래했을 수 있다. 대략 열 살 때에 그는 수도원으로 보내졌으며 프라하(Prague) 대학에 입학하여 1393년에 학사 학위를, 1396년에 석사 학위를 받았으며 1401년에 성직자로 안수를 받았다. 프라하 대학에서 1398년 철학과 학장으로 승진하였고 그후 총장이 되었다. 그는 또한 1402년 베들레헴 교회의 설교자로 임명되었다.

존 후스는 존 위클리프의 글에 영향을 받아 보헤미아에 있는 카톨릭 교회를 여러 측면에서 반대했다. 그는 설교하면서 성직자, 주교, 심지어 교황권의 도덕적 결함을 비난했다. 후스는 면죄부를 반대하였고 성경이 교황의 위에 있는 최고의 권위라고 주장했다.

후스의 성직자의 부도덕성에 대한 정력적인 설교는 카톨릭 교회의 저항을 불러 일으켰고 카톨릭 교회는 1406년에 그가 설교하는 것을 금지했다. 체코 국가 정부가 프라하 대학을 인수하고 후스가 총장이 되었을 때 교황의 저항은 더욱 거세였다. 후스는 1411 년에 파문을 당했고 그의 추종자들은 면직되었다. 그의 저서인 『교회에 대하여』(*On the Church*)— 위클리프로 부터 실질적인 내용을 빌린 후— 를 쓴 후 후스는 안전이 보장된다면서 그의 견해를 콘스탄스 공의회에서 증언하라고 소환되었다. 그러나 그는 도착하자마자 투옥되었고, 콘스탄스 공의회에서 이단으로 정죄받아 1415년에 화형에 처해졌다. 그러나 그는 체코의 국민적 영웅이 되었고, 많은 대중적인 항의와 개혁 운동이 그의 이름을 딴 후사이트(Hussites)라는 이름으로 행해 졌다. 후사이트는 네 차례에 걸친 교황 군대의 공격을 방어하여 마침내 교황은 후스의 가르침을 따르는 후사이트라는 체코의 개혁 운동을 허락했다.

“내가 기록하고 가르치고 설교한 복음을 위하여 나는 즐겁게 죽으려고 하오" 라고 용감하게 후스가 마지막으로 한 말 가운데 다음과 같은 말이 있다고 한다. “그대들이 지금은 한 작은 거위를 불 사르지만, 이 재에서 한 큰 황새 가 나타날 것인데, 세상에서 아무도 그를 처형(處刑)할 수 없을 것이다”.[64][65] 이와 같은 예언적인 선언이 있은 후 102년째 인 1517년 10월 31일 평범한 모습의 한 젊은 승려인 말틴 루터는 독일 비텐베르그 성당의 문에 라틴어로 된 공개 토론의 논제들[66]을 게시하였다. 그가 붙인 95개조 논제들도 역시 평범한 하나의 변론 문서에 지나지 않게 보였다. 그러나 평범하게 보인 이 사건이 중세기 로마 카틀릭 교회의 틀 잡힌 구조를 파괴하고 종교 개혁의 막을 여는 거사였

64) Huss는 체코 말로 거위라는 뜻으로 여기서 거위는 존 후스를 의미한다. 황새는 마틴 루터를 의미한다고 한다.

65) Schaff, David S. *John Huss*: His Life, Teaching and Death: After five Hundred Years(Middletown, DE: Pantiano Classics, 2020), 159.

66) 한국에서 "항의문"이라고 번역하기도 하는데 항의문이 아니다. 당시 관례에 따라 공개 토론의 주제들을 성당 문에 공개했는데 이러한 토론의 주제였다. 당시 루터는 "개혁"을 할 의사가 전혀 없었으며 루터의 의도는 교회의 나쁜 관행을 지적하고 이를 바로 잡기를 원했던 것이었다.

으며, 그 젊은 승려 마틴 루터가 바로 그 "황새" 이었다. 1530년 루터는 멜란히톤에게 다음과 같이 썼다.

> 죤 후스와 다른 모든 선각자들은 우리 보다 더 어려운 싸움을 했다. 우리의 목적이 위대하다면 그들의 목적도 위대하다.

존 후스는 개혁 전의 개혁운동에 중요한 공헌을 하였으며 유럽 국가와 마틴 루터에게 지대한 영향을 주어 지금도 뉴욕에 존 후스의 이름을 기념하는 장로교회가 있으며 동방 정교회도 후스를 순교자로서 기념한다.

### 1.4 로렌져 발라

로렌져 발라(Lorenzo Valla:1407-1457)는 로마에서 태어나고 로마에서 교육을 받은 이탈리아의 인본주의자로서 루네산스 시대의 카톨릭 사제였으며 라틴어와 그리스어에 능했고 파비아(Pavia)에서 수사학 교수였으며 여러 대학을 순회하며 강의를 했다. 그의 아버지는 교황청의 변호사였다.

그는『콘스탄틴의 기부』(*Donation of Constantine*)라는 콘스탄틴 대제의 교서가 위조임을 증명하는 논문을 발표하여 교황의 위치를 위태롭게 했다.『콘스탄틴의 기부』(*Donation of Constantine*)라는 이 교서의 내용의 골자는 콘스탄틴 대제가 로마 제국 서부의 통치권을 교황에게 주었다는 것으로 교황은 이를 정치적 권위를 주장하는네 사용하였는데 이 문서의 진위성은 8세기부터 제기되었다. 그는 또한 『종교적 직업에 관하여』(*On the Religious Profession*) 라는 논문으로 종교 생활을 하는 승려직을 공격했다.

그는 카톨릭 교회의 현세적 권력에 반대했으며 여러 가지 교황청에 반하는 논문을 써서 지방 군주에게로 피신하여 보호를 받아야 했다. 루터의 선구자라고 불리웠다.

## 1.5 지롤라모 사보나롤라

지롤라모 사보나롤라(Girolamo Savonarola:1452-1498)는 루네산스 시대에 중심적 역활을 하였으며 이태리의 훌로렌스에서 활약한 도미니칸 신부이자 철학 교수였다. 그는 원어로 된 성경 지식을 강조했으며 사회와 교회의 부패, 특히 루네산스 시대를 돈으로 장악한 메디치(Medici) 가문에 교황권이 관여하는 것을 비난하며 사제들의 부패와 교황의 독재적인 통치와 가난한 사람들을 착취하는 것을 비난했다. 이교도 문화에 반대하여 성경에 기초한 기독교 문화를 확립하려고 노력했다.

사보나롤라는 자신을 이사야 또는 에스겔 스타일의 선지자로 간주했으며 부패한 정부를 지원하는 교황을 모욕하는 것을 두려워하지 않았다. 그는 엘리트들의 모임이 아니라 일반 지주, 상인, 장인 및 소외감을 느낀 시민을 중심으로 한 협의회에 대한 비전을 가지고 있었다. 교황 알렉산더 6세는 사생아들과 방탕한 파티를 하면서 성직자만큼 많은 수의 매춘부를 파티에 초대하였던 것으로 알려져 있었다. 따라서 그는 바티칸에 최악의 우상숭배자들이 살고 있다고 생각했다. 알렉산더 교황은 1497년 봄에 "악의적인 교리"를 계속 전파한다고 하여 교회에서 사보나롤라를 파문했다. 또한 교황은 사보나롤라와 접촉하는 사람은 누구나 파문될 것이라고 경고했다. 하지만 사보나롤라는 계속해서 교황의 잘못을 지적하는 설교를 하여 파문을 당한 다음 해에 정죄를 받은 후 화형에 처해졌다. 이것은 루터가 자신의 논제를 비텐베르크의 교회 문에 게시하기 19년 전인 1498년의 일이었다.

### 1. 6 윌리암 틴데일

윌리암 틴데일(William Tyndale: 1494 - 1536)은 영국 신학자였으며, 개신교 종교 개혁에서 주도적인 역활을 했다. 그는 에라스무스와 마틴 루터의 영향을 받아 성경을 영어로 번역한 사람으로 잘 알려져 있다. 7세기 이후로 부분적인 성경 번역이 많이 있었지만 14세기 후반 위클리프가 종교적 열망으로 성경을 번역하였기 때문에 허가받지 않고 영어로 된 성경을 소유하는 자는 모두 사형을 선고를 받았다. 1408년에 제정된『옥스포드 헌법』(*Constitution of Oxford*)은 교회 당국의 허가 없이 영어로 성경을 읽거나 번역하는 것을 금했다. 위반자는 재산을 몰수당하고 생명을 잃을 수 있었다. 이들은 하나님 앞에서 이단이요, 왕의 적이며 왕국에 대한 반역자였다고 로마 카톨릭은 주장했다. 아이들에게 영어로 사도신경, 주기도, 십계명을 가르치는 부모는 화형(火刑)을 당했다.

이러한 종교적 환경에서 틴데일은 성경을 영어로 번역하였다. 그리스어는 1453년 콘스탄티노플이 몰락한 후 그리스어를 사용하는 지식인의 환영을 받았으며 수 세기 만에 처음으로 유럽 학자 세계에서 사용할 수 있었다. 특히 에라스무스는 1516 년에 그리스어 성경을 편집, 출판했고 루터의 독일어 성경은 에라스무스의 영향을 받고 1522년에 등장했다. 틴데일의 성경 번역은 히브리어와 그리스어 문헌에서 직접 가져온 최초의 영어 성경이며, 인쇄기를 활용한 최초의 영어 번역, 개혁의 새로운 영어 성경 중 첫 번째, 여호와— 영국 개신교 개혁자들이 선호하는 하나님의 이름— 를 사용한 최초의 영어 번역이었다. 이 모든 최초라는 기록은 카톨릭 교회의 헤게모니와 교회의 지위를 유지하려는 영국법에 대한 직접적인 도전으로 받아 들여졌다.

틴데일은 1528년에 『크리스찬의 복종』(*The Obedience of a Christian Man*)이라는 책을 써서 한 나라의 교회의 수장은 교황이 아닌 그 나라의 왕이 되어야 한다는 것을 주장했다. 이 책의 사본이 영국왕 헨리 8세의 후궁인 앤 볼린(*Anne Boleyn*)을 거쳐 헨리 8세의 손에 들어가 1534년에 영국의 교회를 카톨릭 교회에서 분리하는 근거를 제공했다. 그러나 1530년에 틴데일은 성경에 위배된다는 근거로 헨리가 왕후인 카탈리나와의 결혼을 무효화하는 것에 반대하는 글을 썼다. 이러한 일이 그의 영어 성경 번역과 겹쳐 그는 영국에서 도피하여야 했다. 틴데일은 독일의 카톨릭 황제 찰스 V의 영토에서 십여년간 도피하며 성경을 영어로 번역하고 인쇄하여 영국으로 밀수입하는 일을 했다. 그러나 마침내 사복 첩자에 체포되어 1535년에 브뤼셀 외곽의 성에 1 년 넘게 투옥되었다가 1536년에 이단으로 유죄 판결을 받고 목을 졸리워 죽었고, 그의 몸은 화형에 처해졌다. 죽어가면서 하는 그의 마지막 기도는 "잉글랜드 왕의 눈이 열리게 해 달라"는 것이었다. 이 기도는 틴데일이 죽은 후 일 년 만에 이루어 졌다.

틴데일의 성경 번역은 영국 교회가 승인한 『위대한 성경』

(*Great Bible*)[67]과 『주교의 성경』(*Bishop's Bible*)[68] 등을 포함하여 이후에 번역한 영어 성경에 표절되었다. 1611년 킹 제임스 성경을 제작한 47 명의 학자들은 틴데일의 원작과 그의 후계자들이 번역한 다른 번역본에서 중요한 내용을 이용했다. 한 추정에 의하면 킹 제임스 성경에서 신약은 틴데일의 말이 83 % 이고 구약에는 76% 라고 한다. 따라서 틴데일의 작업은 영어권 세계와 궁극적으로 대영 제국 전역에 종교 개혁 아이디어를 전파하는데 중요한 역할을 했다. 영국의 방송국 BBC가 2002년에 실시한 위대한 영국인 100인 여론 조사에서 틴데일은 26위에 올랐다.

## 2 개혁자

전통적으로 마틴 루터가 비텐베르그의 캐슬 교회의 문에 95개의 논제(論題)를 발표했을 때 종교개혁이 시작된 것으로 간주되고 있다. 따라서 종교 개혁자들에 대하여 기술하는 부분은 마틴 루터를 선두로 시대순으로 그들의 전기를 간략히 기술하려 한다. 여기에서 언급하는 개혁자들은 개혁 당시에 직접 개혁에 참여한 성직자들로 그들의 공로를 기리기 위하여 그들의 경력을 간단히 소개하는 것이다. 개혁자의 마지막에 존 웨슬레를 포함시켰다. 이론이 있을 수 있겠으나 한국적 장로교의 입장에서 볼 때 감리교는 사촌 교단임과 동시에 미국에서는 1차 대 부흥

67) 1539 년의 영국의 왕인 헨리 8 세가 교회 예배에서 소리내어 읽도록 승인한 최초의 영어 성경으로 틴데일이 번역한 성경의 많은 부분이 포함되어 있다.

68) Bishops' Bible은 1568 년에 영국 교회의 권위하에 제작된 영어 성경이다. 1572 년에 실질적으로 개정되었으며, 1602 년판은1611 년에 완성된 King James 성경의 기본 텍스트이다.

의 시발점이기도 하기 때문이다.

## 2.1 마틴 루터

종교개혁은 인류 역사의 방향을 바꾸어 놓은 엄청난 일련의 사건이라고 하겠다. 이러한 역사적 사건이 1521년 마틴 루터(Martin Luther: 1483 - 1546)의 생명을 판가름하는 재판—보름스 국무회의—에서 결론이 났다. 그는 이러한 순간에 죽음을 각오하고 다음과 같이 선언했다.

> 나는 아무것도 취소할 수 없고 취소하지도 않을 것입니다.
> 내가 여기 있습니다. 하나님 도와주소서. 아멘.
>
> (I cannot and will not retract anything.
> Here I stand. Help me God! Amen.)

이러한 루터의 외침은 당시 최고 권력자인 찰스 V세를 격노케 했으며 주위의 사람들도 모두 루터의 담력과 확신에 놀랐다. 이 일로 인하여 당시 세상에서 최고 권력자인 찰스 V세는 루터를 이단인 불법자로 단정하고 처형하기로 했다. 뿐만 아니라 루터를 보호하는 자에게도 같은 처벌이 내려지며 아무나 그를 살해해도 된다는 칙령을 공포했다. 존 후스와 같은 운명에 처해질 수도 있는 순간이었다. 그러나 루터는 자기를 보호할 아무런 힘이 없었다. 단지 대중의 지지가 있었을 뿐이었다. 다행히 찰스 V세는 후레드릭과의 약속을 지켜 루터가 집으로 돌아 갈 수 있는 며칠의 여유를 주었다. 1521년 4월의 일이다.

## 초기 생활

마틴 루터는 자수성가한 평범한 광부인 요하네스 한스 루더(Johannes Hans Luder: 나중에 Luther로 변경)의 아들로, 당시 신성로마제국의 일부인 색소니(Saxony)의 아에스레벤(Eisleben)에서 태어났다. 베르린에서 서남쪽으로 120마일 떨어진 작은 마을이다. 루터의 가족은 루터가 태어나고 6개월 쯤 되었을 때 맨스휠드(Mansfeld)라는 작은 광산 마을로 이사하여 루터의 부모는 모든 자녀들을 그곳에서 키웠고 남은 생애를 그곳에서 보냈다. 루터의 아버지는 구리 광산의 운영주였으며 지역 의회에서 네 명의 시민 대표 중 한 사람으로 일했다. 루터의 가족은 예배 전체가 라틴어로 진행되는 교회에 정기적으로 열심히 참석했다. 당시 교회의 예배는 라틴어로 진행되었는데 물론 평신도들은 라틴어를 이해하지 못했고 교회는 교인 스스로가 라틴어 성경을 읽는 것을 금했다.

## 루터의 교육

루터가 처음으로 작은 맨스휠드 마을 학교에 다니기 시작했을 때는 다섯 살이었는데 한 교사가 학생 전체의 수업을 가르쳤다. 그는 에르푸르트(Erfurt) 대학에서 철학을 전공하고 1505년에 석사 학위를 받았다. 그런 다음 아버지의 소원에 따라 계속하여 에르푸르트 대학에서 법학을 공부했다. 학기 방학에 집으로 가던 그는 스토턴하임(Stotternheim) 외곽의 숲에서 엄청난 뇌우를 만났다. 번개가 치는 바람에 나무가 그의 머리 위에서 쪼개져 쓰러졌다. 그것은 맹렬한 자연현상이었다. 이때 루터는 갑작스러운 이런 사고로 자신이 죽을 수 있음을 느꼈다. 만일 이런 사고로 죽는다면 그는 천국을 위해 기도할 여유도 없이 지옥에 갈 것이라고 생각했다. 그는 외쳤다.

도와주세요! 성 안나여.[69] 나는 수도사가 되겠습니다![70]

그는 하나님의 도움을 청하는 이 외침을 결코 깨트릴 수 없는 하나님과의 약속으로 보았다. 루터는 아버지의 뜻에 반하여 법과 대학을 자퇴하고 그해 7월 에르푸르트에 있는 성 어거스틴 수도원에 들어갔다. 그의 아버지는 루터의 결정에 너무 화가 나서 루터가 수도원을 마치고 사제가 될 때까지 아들과 말도 하지 않았다.

에르푸르트 수도원의 생활은 그가 예상했던 것보다 훨씬 힘들었다. 그는 예배당을  청소하고 마루를 닦으며 교회의 종 꼭대기까지 올라가 시계를 감는 등 가장 짓 구진 일들을 했다. 루터의 작은 방에는 테이블 하나와 의자 하나 및 침대만이 있었다. 그는 오랜 시간 기도하고, 글을 읽고, 명상하며, 금식하곤 했다. 추운 겨울에 혼자서 뼈까지 얼어붙는 차가운 바닥에 앉아 피가 묻을 때까지 허벅지와 등을 채찍질하기도 했다. 이렇게 스스로에 고통을 가하며 그는 계속해서 기도와 성서 연구에 많은 시간을 보냈다. 그러나 그는 자신이 하나님 앞에서 의롭다고 느끼지

69) 성 안나(St. Anna) 는 마리아의 어머니로 광부들의 수호 성자라고 한다.
70) 한국에서 발행하는 저서에는 이때 루터가 친구와 둘이 있었다고 하나 미국에서 출판되는 저서에는 그런 기록이 없다.

못했고 마음의 평화를 얻지 못했다. 그는 예수를 자비와 사랑의 구세주로 보지 못했고 하나님은 죄 때문에 그를 처벌하는 재판관으로서 두려워했다. 그는 하나님 앞에서 "나는 선한 사람인가?"자문하며 번민을 했다. 하나님 앞에서 선하다는 것은 있을 수 없는 일이었다. 위스콘신 신학교(Wisconsin Lutheran Seminary)의 코탈스(James Korthals) 교수는 "루터는 수도원에서 스스로가 하나님 앞에서 부적절하다는 생각으로 끊임없이 괴로워했다"고 말한다.

루터가 수도원에서 그의 후견자이며 상급자인 요한 스타우핏츠(John Staupitz)를 만난 것은 행운이었다. 하나님의 섭리였다. 스타우핏츠는 진정한 회개는 자학과 고해와 처벌에서 오는 것이 아니라 마음의 변화에서 온다고 루터에게 가르쳤다. 젊은 수도사로서 루터는 그가 저지른 모든 죄악을 스타우핏츠에게 고백하며 고해성사를 했다. 스타우핏츠는 항상 루터에게 친절했고 그가 사제가 되도록 격려하고 가르쳤다. 그는 루터가 반복되는 신학적 우울에서 벗어나기를 희망하면서 더 많은 학문적 경력을 쌓도록 지도했다. 루터는 "스타우핏츠 박사가 아니었다면 나는 지옥에 가 앉아 있어야 했다"고 고백할 정도로 스타우핏츠는 루터를 성실히 지도했다. 루터는 아우구스티누스 수도원에서 삶에 대한 확신을 얻었고 신학과 철학에 이끌려 아리스토텔레스에 특별한 관심을 보였다. 열심히 공부하여 동료들에게 모범이었다. 마침내 루터는 1507년 4월에 사제로서 안수를 받았다. 그는 1512년 29세에 비텐베르그 대학에서 신학 박사 학위를 받았고 그 대학에서 성서 문학과 신학 강의를 시작했으며 스타우핏츠의 뒤를 이어 신학부장을 맡아 그의 여생을 신학교수로 보냈다.

## 결혼

1523년 루터는 인근 수녀원의 아홉 수녀로 부터 비밀 편지를 받았다. 이들 수녀들은 개혁 신앙에 입각하여 무엇을 해야 할지를 루터에게 묻고 있었다. 당시는 많은 수도사들과 수녀들이 종교 개혁 사상의 영향으로 수도원을 떠나고 있을 때였다. 당시 수녀들을 수녀원에서 떠나게 돕는 것은 사형죄였다. 그러나 루터는 위험이 많음에도 불구하고 이 수녀들의 수녀원 탈출을 계획했다. 루터는 청어를 수도원에 배달하는 한 상인의 비밀스러운 도움을 청했다. 어느 날 저녁 그 상인은 수녀원에 생선을 배달하고 오는 길에 덮개가 있는 마차에 수녀들을 태우고 비텐베르그로 왔다. 수녀들의 수도원 탈출은 일단 성공했으나 루터는 이들 수녀들의 생활 수단을 마련하여야 할 책임을 느끼게 되었다. 루터는 그 수녀들이 비텐베르그에 도착한지 2년 여 만에 카타리나(Katharina)라는 한 수녀를 제외하고는 수녀원을 탈출한 모든 수녀들에게 가정부, 결혼 또는 직장 등을 통하여 생활 수단을 마련하여 주었다. 그러나 카타리나에게는 일자리나 혼수처가 마련되지 않았다. 카타리나에게도 여러 곳의 혼수처가 있었으나 그녀는 모두 거절했다. 그리하여 마침내 루터는 친구와 주변의 권고로 카타리나와의 결혼하게 되었다. 루터는 자신의 결혼이 아버지를 기쁘게하고 교황을 화나게 할 것이라는 생각에 결혼을 하게 되었다고 훗날 회상했다. 물론 루터의 아버지는 좋아 했다. 이때 루터의 나이는 41세였고 카타리나는 26세였다.

결혼 당시 루터가 가지고 있던 것은 책과 옷 몇 벌 뿐이었다. 물론 카타리나에게도 아무것도 없었다. 이 부부는 비텐베르그에서 공부하는 아우구스티누스 수도사들을 위하여 기숙사로 사용하던 건물에서 생활했다. 이 건물은 루터의 수호자인 프레드릭 3세(Frederick III)의 형제이자 색소니(Saxony)의 선거인인 존(John Frederick I)이 루터에게 결혼 선물로 준 것이었다. 이들의 결혼은 성직자의 결혼에 관한 첫번째 예로 성직자의 결혼에 새로운 이미지를 조성하는 역할 때문에 종종 개혁에서 중요한 사건의 하나로 간주된다.

카타리나는 결혼 즉시 수도원의 광대한 재산을 관리하는 임무를 맡았다. 그녀는 수도원에 거주하는 수도생들과 남편의 조언을 구하는 방문객들을 돌보았다. 한 때 질병이 만연했을 때 카타리나는 다른 간호사들과 함께 병자들을 간호하며 현장에서 병원을 운영했다. 그녀는 혼자서 하기 벅찬 수도원 관리 업무를 담당했고 루터를 도왔다. 수도원의 땅과 부지를 돌보는 바쁜 삶 중에 그녀는 여섯 자녀를 낳았다. 그들은 또한 카타리나의 조카를 포함하여 네 명의 고아를 키웠다.

루터는 색소니(Saxony)의 선거인[71]인 후레드릭(Frederick the Wise)이 1502년에 설립한 비텐베르그 대학의 신학 교수가 되었다. 개혁 초기의 결정적인 시기에 프레드릭은 루터를 교황과 황제로부터 보호하였고 루터를 불법자로 사형하기로 선언한 1521년 보름 국무회의(Diet of Worms)에서 회의를 마치고 비텐베르그

---

71) 당시의 독일인 신성로마 제국에는 7명의 선거인단이 있어 이들이 황제를 선출했다.

로 돌아가는 루터를 부르트버르그(Wurtberg) 성으로 납치하여 그를 보호했다. 교황 레오 10세로 부터 파문을 당하고 사망할 때까지 루터는 남은 생애를 비텐베르그 대학에서 강의하며 신학 학장으로 보냈다.

루터는 로마 교황으로 부터 신부로서의 파문을 당했고 자기 나라의 황제로 부터 사형을 선고 받은 죄수가 되어 피해 다니는 신세가 되었다. 이러한 때에 그는

> 내주는 강한 성이요 방패와 병기되시니
> 큰 환란에서 우리를 구하여 내시리로다
> 이 장수 누구뇨? 내 예수 그리스도

하는 찬송가를 썼다. 루터가 1527년에서 1529년 사이에 작사했다고 하는 "내 주는 강한 성이요"(A Mighty Fortress is Our God)하는 이 찬송가 384장의 가사는 시편 46편 7절에서 따온 "개신교의 군가"이다. 이때 루터는 심리적으로 가장 어려움을 겪고 있었을 것으로 생각된다.

1546년 루터가 죽자 찰스 황제는 군대로 비텐베르그를 점령하여 루터의 사원과 농장을 파괴하였다. 슈말칼딕 전쟁(Schmalkaldic War)[72]동안 카타리나는 그녀가 사는 수도원(Black Cloister라고 했으며 현재 루터 하우스라고 함)을 두 번 혼자서 도망쳐야했다. 1547년 7월 전쟁이 끝나자 그녀는 비텐베르그로 돌아갈 수 있었

---

72) Schmalkaldic War는 1546 년부터 1547 년까지 신성 로마 제국의 황제 Charles V와 신성로마제국의 루터교 동맹군(Schmalkaldic League) 사이의 싸움을 말한다. 찰스 황제의 군이 Schmalkaldic 동맹군을 이기고 그들을 분쇄했지만, 루터의 생각은 이 무렵에 전 유럽으로 퍼져서 군사력에 의해 분쇄될 수 없었다.

다. 그러나 전쟁 중에 수도원은 파괴되었고 가축들은 도난당하거나 도살을 당하여 그곳에 머물 수가 없었다. 카타리나는 죤 후레드릭과 안팔트(Anhalt) 왕자들의 관대함 덕분에 자신을 지탱할 수 있었다. 그녀는 1552년 흑사병이 발생하고 수확 실패로 도시를 다시 떠날 때까지 빈곤한 상태로 비텐베르그에 머물렀다가 53세에 죽었다.

찰스 황제는 군사적으로는 승리했으나 독일을 로마 교황의 체제하에 하나의  종교로 통합하려는 그의 노력은 성공하지 못했다.  찰스 황제는 독일을 하나의 종교로 통합하려는 그의 노력이 군사력으로 개신교를 봉쇄하지 못했음을 깨닫고 말년에 황제직을 사임하고 승려가 되어 외롭게 조용한 생을 보냈다. “Protestant”(개신교)라는 이름은 1529년 찰스 황제에 의하여 생겨난 이름이다. 개혁 개신교는 루터가 주창한 모든 것을 이루지는 못했지만 현재 1억의 개신교도가 있다. 개신교의 요점은 하나님은 죄인을 의롭게 하시며 이는 그리스도를 통하여 거저 주시는 하나님의 선물이라는 것이다.

비텐베르그는 독일 작센의 엘베 강변에 위치한 인구 약 2 천명의 작은 마을이었다. 처음에는 수도사로, 나중에는 그의 아내와 가족과 함께 루터가 살았던 아우구스티누스 수도원의 일부가 보존되어 있으며 루터를 기리는 세계 최고의 박물관이 있다. 루터 및 멜란히톤 기념관이 있어 1996년에 유네스코 세계 문화유산 목록에 추가되었다. 루터가 사망한 날 그의 주머니에서 한 문장이 적힌 종이 한 장이 발견되었다. 이렇게 쓰여 있었다.

"우리는 모두 하나님 앞에서 거지입니다. 이것은 사실입니다."

루터의 영향은 교회의 범주를 초월하여 세상사에 많은 영향을 주었다. 예를 들면 어린이의 교육을 주창하여 공립학교 제도를 창설하는데 공헌했으며 여아들의 기본 교육을 주장하였다. 이것은 16세기의 사고방식으로는 혁명적인 일이다. 교회와 국가의 구분이 분명치 않았던 당시에 그 구분을 분명케 했으며 18세기의 민주주의의 발달에 막대한 공헌을 했다. 루터는 사회의 저명인사로 언론이 민주주의 사회를 선도하는 최초의 시범을 보였다고 할 수 있다.

현재 전 세계에 루터교 신자가 5,800만이 된다. 50만의 신자가 넘는 국가가 15이나 된다. 루터의 그 많은 말과 설교와 가르침은 두 단어로 요약될 수 있다:

"하나님은 용서하신다."

## 2. 2 쯔윙글리

쯔윙글리(Ulrich Zwingli: 1484-1531)는 광부인 아버지에게서 열네명의 자녀(남자 8명과 여자 6명) 중 세 번째로 태어났다. 그 때는 스위스에서 애국심이 싹트기 시작했고 용병 시스템에 대한 비판이 증가하는 시기였다. 그는 비엔나 대학(1498-1502)에 다녔고 바젤 대학(1502-1506)으로 옮겨 루네산스 인문주의의 영향과 에라스므스(Erasmus)의 영향을 받았으며 석사 학위를 받았다.

1506년 글라루스(Glarus)에서 교구 사제로 안수를 받고 아인시

델른(Einsiedeln)교회의 신부가 되었다. 1519년 1월 1일 쯔윙글리는 취리히에 있는 그로스문스터(Grossmunster) 교회의 사제직을 맡았고 취리히 시민이 되었다. 이때를 계기로 개혁에 대한 그의 확신은 덕욱 분명해 졌다. 취리히에서 "인민의 사제"로 선임된 쯔윙글리의 설교는 성경의 권위와 인식에 대한 변화를 가져 오는데 필요한 자극제였다. 그는 오직 성경(Sola Scriptura)을 증언했다. 성경은 하나님의 말씀이라고 불렀다. 쯔윙글리는 다음과 같이 가르쳤다.

우리 신앙의 기초는 기록된 말씀인 하나님의 성경입니다.

그는 교황이 주는 연금을 사임하고 교황의 용병 모집에 저항했으며 로마 교황청의 추기경이 스위스 청년의 피로 인신매매를 한다고 공격했다. 쯔윙글리는 교황의 정책에 직접적으로 반대하는 입장을 취하면서 면죄부는 부패한 교회 계층의 도구라고 주장하며 반대했다.

1523년 1월, 쯔윙글리의 주장을 중심으로 한 제 1차 공개 토론이 취리히의 시청에서 열렸다. 쯔윙글리의 요청에 의하여 소집된 이 토론회에는 600여명이 청취하는 대 집회였다. 쯔윙글리는 67개의 그의 논제를 성경의 구절을 인용하며 설명하여 호응을 받았다. 2차 토론회는 그해 10월에 있었다. 스위스의 개혁자들은 성경이 교리, 훈육, 예배와 관련하여 교회를 위한 최고의 권위 있는 방향을 제시한다고 고백하게 되었으며 드디어 시 의회(市 議會)는 성경에 있지 않은 교리를 전하는 것을 금했다. 예배와 성례는 극도로 단순해 졌고 성경에서 발견되지 않는 로마 교황청의 예배 의식을 제거했다. 개혁주의 예배에서 성경

본문을 강조하고 평신도의 언어를 사용하여 설교했으며 라틴어로 불리우는 음악을 제거했다.

쯔윙글리의 제자 중에는 쯔윙글리의 개혁이 너무 느리다고 주장하며 더 급진적인 개혁을 주장하는 부류가 있었다. 이들은 유아 세례가 성경에 없다고 주장하며 유아 세례를 거부했다. 이들이 재 세례파이다. 1525년에 쭈리히에서 이에 대한 공개 토론이 있어 쯔윙글리는 유아세례는 하나님과의 언약에 대한 표시라며 그들의 주장의 잘못된 점을 지적하였으며 시 정부는 이의 반대자를 시에서 축출하였다.

쯔윙글리에게 자연의 법은 그 자체로 성령의 역사이다. 교회와 국가는 하나님의 주권 아래 하나이다. 설교자와 통치자 모두 하나님의 통치 아래 있는 종이다. 쯔윙글리는 지속적인 복음 전파를 위해 정부를 긍정적인 방식으로 제시할 필요가 있다고 깨달았다. 설교자와 세상 법과의 관계는 인간과 하나님의 두 가지 형태의 의(義)로 입증된다. 인간의 "외적인 의"는 정부의 영역이다. 정부는 인간의 의를 주장할 수 있지만 하나님 앞에서 사람을 의롭게 만들 수는 없다. 반면 "내적인 사람"의 의는 영적인 영역에 속하는 것으로 설명하고 이를 전파하기 위해 부름을 받은 설교자의 영역이었다. 그는 교회를 사랑했다. 복음을 사랑했다. 그는 성경을 사랑했고 주님을 사랑했다.

스위스에서의 개혁은 로마 카톨릭 교회와 개신교 사이의 내전으로 변하여 쯔윙글리는 1531년 카펠 전투(Battle of Kappel)에서 사망하였다. 쯔윙글리가 사망한 후 스위스에서의 개혁은 벌린져에 의하여 계승되었으며 칼빈의 제네바에서의 개혁과 융합하여 발전하였다.

### 2.3 윌리엄 파렐

윌리암 파렐(William Farel: 1489-1565)은 프랑스의 한 농가에서 태어났다. 그의 아버지와 할아버지는 교회의 공증인이었고 가톨릭교회로 부터 녹을 받았다. 그의 어머니는 매우 헌신적인 가족적 여성이었다. 파렐은 일곱 형제 중 여섯 번째였으며 그의 형제 중 몇 명은 사제가 되었다. 파렐은 "우리 어머니와 아버지는 무엇이든 믿었습니다"라고 쓸 만큼 경건한 가정의 깊은 신앙적 분위기에서 자랐다. 20세 부터 파렐은 파리 대학에서 신학을 공부하여 개혁주의 학생이 되었고 8년 후 1517년에 문학 석사 학위를 받았다. 대학에 있는 동안 그리스도에 대하여 헌신을 하는 영감을 받은 인문학 학자와 교수들을 만났다. 졸업 후 그는 문법과 철학 교수가 되었으며 교수직에 있을 때 시간이 나는 대로 열심히 성경을 공부하여 하나님 앞에 행동이 아닌 믿음으로 의로워 진다는 사실을 깨닫게 되었다. 이 점에서 그의 경험은 놀랍게도 루터와 유사했다. 그는 1521년에 교육을 그만 두고 종교개혁의 메시지를 홍보하기 시작했다.

독일에서 루터의 개혁 노력은 파렐로 하여금 카톨릭의 가르침이 성경적 원칙에서 벗어났다는 확신을 갖게 했다. 파렐은 자신의 글을 둘러싼 논란으로 인하여 스위스로 이주했으며, 그곳에서 카톨릭 교회가 그리스도의 조각상에 대하여 숭배하는 것을 반박했다. 그는 취리히에서 쯔윙글리와 함께 일했다. 칼빈이 스트라스부르로 가면서 제네바에 들렀을 때 파렐이 칼빈에게 제네바에서 함께 개혁일을 하도록 강력히 설득한 것은 유명한 이야기이다. 처음에 칼빈이 그의 요청을 거부했을 때 파렐은 칼빈이 하나님의 심판을 받을 것이라고 위협했다. 칼빈은 나중에 이렇게 말했다. "파렐은 저를 하나님의 저주로 위협과 공포에 빠트렸고 저는 그 위협에 겁이 나서 스트라스부르로 가던 일정을 바꾸어 제네바의 개혁에 동참하기로 결정했습니다." 여행 중 하루 밤을 머물려든 칼빈은 제네바에서 25년을 살게 됐다. 두 개혁자는 제네바에서 사역하면서 교회 규칙에 대한 제네바 시 의회와의 갈등으로 1538년 제네바를 떠나야했다. 칼빈은 스트라스부르로 갔지만 1541년 제네바 시 의회의 요청으로 다시 제네바로 돌아왔다. 파렐은 칼빈과 함께 제네바에서 개혁자들을 훈련하여 프랑스를 비롯하여 전 유럽에 파견했다. 제네바에 기반을 둔 개혁자들은 정부에 영향을 주어 비(非) 프로테스탄트를 추방하게 하여 제네바는 "개신교 로마"로 알려지게 되기도 했다.

파렐과 칼빈은 제네바에서 개혁을 촉진하면서 중요한 파트너십을 형성했다. 사자처럼 치열한 성격의 소유자인 파렐은 유럽에서 프랑스어를 사용하는 사람들의 영적 개혁에 전념했다. 그는 1524년에 최초로 프랑스어로 된 사도신경과 주기도문을 써서 개혁 문서를 작성했으며, 1529년에는 개혁 교리에 대한 요약을 썼다. 그의 글에서 파렐은 기도에 특별한 관심을 보였다. 그는 프랑스와 스위스에 개혁 복음을 전파하는데 전념하여 루터가 독일어권 유럽을 개혁했다면 파렐과 쯔윙글리는 스위스를 포함한 프랑스어 권 유럽을 개혁하였으며 칼빈은 영국을 포함하여 영어권 세계 전체를 개혁했다.

## 2.4 마틴 부써

마틴 부써(Martin Bucer: 1491-1551)는 독일의 알사스에서 태어났다. 1517년 에 신학을 공부하러 하이델베르그에 갔으며, 그곳에서 에라스무스에게 탄복하기 시작했다. 하이델베르그에서 신학을 공부하고 도미니칸 교단의 수도사가 되었지만 1518 년 루터를 만난(Martin Bucer: 1491-1551)는 독일의 알사스에서 태어났다. 1517 에 신학을 공부하러 온 후 루터의 설교를 듣고 개종하여 종교 개혁을 위해 일했다. 부써는 에라스무스가 은밀하게 암시했던 것을 루터가 아주 노골적으로 진술했다는 인상을 받았다. 그리하여 루터와 에라스무스가 공통된 가정 위에서 개혁을 위해 싸우는 것으로 이해될 수 있다는 견해를 갖게 되었다.

1523년에 스트라스부르그의 제국 도시로 이주했을 때 이 도시는 약하고 불확실한 상태에서 개혁을 겪고 있었다. 부써는 이 개혁 운동에 참여하여 가장 중요한 변증가이자 이론가 중 한 사람이 되었다. 그는 개혁자 사이에 대화를 위해 많은 노력을 기울여 개혁자들간의 단결을 유지하려고 노력했으며 이를 성취하지는 못했지만 말버그 회담에도 참여했다. 스트라스부르그 시는 부써의 영향을 가장 많이 받았다. 1530년대에 그는 실질적으로 개혁된 교회를 세웠고, 이는 다른 도시에서 유사한 조직을 달성하고자 하는 개혁자들의 모델이 되었다. 1538년 칼빈이 왔을 때는 그를 안내하여 스트라스부르그의 개혁에 공헌케 했다.

부써가 비록 그 자신으로서는 그리스도의 성찬, 임재 문제에 관해 쯔윙글리 편에 치우치고 있었으나, 이 문제가 개혁자들 사이에 일치를 심각하게 위협하는 요소가 되는 것을 감지하고 서로 화해하도록 촉구하는 운동을 펼쳤다. 여러 측면에서 강조되고 있는 비텐베르그 협약(Wittenberg Concord, 1536)은 그가 이룬 가장 큰 성취로 널리 간주되고 있는데 이 협약은 복음주의가 공통의 기초를 가지고 있다는 인식을 발전시켰다.

그러나 1546년에서 1547년의 슈말칼덴 전쟁에서 황제의 군대에게 패하여 야기된 정치적 어려움을 피해 부써는 1549년에 스트라스부르그를 떠나게 되었다. 그는 토마스 크래머의 초청으로 영국으로 이주하여 이상적인 기독교 사회에 대한 논문을 쓰는데 주력하면서 캠브리지 대학 신학 대학의 교수가 되었다. 선택의 교리에서 하나님의 주권에 대한 강조와 상세한 설명은 이 문제에 대해 많은 발언을 한 칼빈의 이념적 배경이 되었다고 할 수 있다. 그는 1550년에 『그리스도의 통치에 관하여』를 출판했는데 이 책은 복음에 기초한 교회와 사회, 모두를 위한 개혁 신학의 모델이었다.

신학적으로 부써는 복잡한 혼합물로 인식될 수 있다. 그는 선택의 교리 부분에서 하나님의 주권을 강조하며 상세하게 설명하여 이 문제에 관해 많은 진술을 했던 칼빈의 사상적 배경이 되었다고 할 수 있다. 그는 루터의 개혁을 열광적으로 환영했지만 그리스도의 실제적인 성찬 임재 문제에 대해서는 스위스의 입장을 선호했다.

## 2.5 필립 멜란히톤

필립 멜란히톤(Philip Melanchthon:1497-1560)은 독일 남부 브레텐(Bretten)에서 태어났다. 그의 아버지의 직업은 무기 제조업이였다. 그의 할아버지와 아버지는 1508년 필립이 11세였을 때 10일 사이를 두고 사망했다(1508년 10월 17일과 10월 27일). 이로 인하여 그와 그의 형제는 독일 남서부의 포르츠하임(Pforzheim)으로 보내져 할머니에게서 자랐다. 그들의 할머니는 그를 그곳 라틴 학교에 입학시켰고 하이델베르그(Heidelberg) 대학(1509-1512)에서 철학을 공부하게 했고 그리스 학자로 알려지게 되었다. 그는 튜빙겐(Tubingen) 대학에서 공부를 계속하여 1516년 석사 학위를 받았고 그 후 신학을 공부했다. 에라스무스와 인본주의 자들의 영향을 받았고 21세 때 마틴 루터의 추천으로 새로 설립된 비텐베르그 대학의 그리스어 교수가 되었다. 그의 전공은 그리스어였지만 루터의 격려로 신학에 관심을 갖게되었고 바울의 교리에 대한 연구와 함께 마태 복음과 로마 서신에 대한 강의를 했다.

멜란히톤은 독일 루터교의 개혁자였으며, 개신교 신학의 최초의 조직 신학자로 루터의 주요한 협력자였다. 교육 시스템에 대한 영향력 있는 설계자로서 루터와 칼빈의 뒤를 이은 개혁주의 신학자이자 교육자였다. 그의 근본적인 의도는 성경과 믿음에 의한 의인화(義人化) 교리를 중심으로 기독교 조직 신학 체계를 구축하는 것이었다. 멜란히톤에 따르면, 하나님은 하늘 법정에서 죄인을 의롭다는 판결을 선언하셨다. 그는 ”의롭다”고 선언되는 사건과 “의롭게 되는 과정”을 뚜렷하게 구분하여 전자를 “의인화(義人化)”로 후자를 “성화(聖化)”로 구분했다. 이러한 의인화에 대한 법적 접근을 "법적 성화"라는 용어로 구분했다. 멜란히톤과 루터는 카톨릭 성도들의 교황에 대한 순종을 비난하고 믿음으로 의(義)로워 짐을 강조했다. 그들은 성찬 예식에서의 떡과 포도주가 성령에 의해 그리스도의 살과 피로 변화된다는 카톨릭의 성찬의 교리를 부정했다. 반면에 그들은 성찬에서 그리스도의 몸과 피가 빵과 포도주의 요소와 함께 있다고 믿었다. 이러한 성찬에 대한 루터교의 견해는 빵과 포도주에 대한 로마 가톨릭 교회의 이해와 대조를 이룬다. 멜란히톤은 루터교의 복음적 통찰을 중심으로 율법과 복음의 구별을 주장했다. 그에 따르면 "율법"은 구약과 신약에서 하나님이 요구한 사항을 의미했지만, "복음"은 예수 그리스도를 믿는 믿음을 통한 하나님의 은혜로 하나님이 값없이 주시는 선물이다.

멜란히톤의 교육 신학의 뛰어난 특징은 실용적인 목적이다. 그는 자유 의지에 대한 자신의 견해를 분명히 표명했고 철학자의 견해와 성경의 가르침 사이의 모순을 지적했다. 철학을 옹호하면서 그는 카톨릭 교회가 전통적이고 철학적인 주석에 몰두하여 성경의 가르침을 거부하는 사례가 많이 있음을 발견한 것이다. 그는 인간 측에서는 소크라테스나 칸트와 같은 철인들을 칭찬할 수 있다고 생각했지만, 하나님 측에서는 그런 것이 아니다라고 이해했다.

그는 대학 과정에서 중세 대학의 일곱 커리큘럼으로 알려진 문법, 수사학, 논리, 산술, 기하학, 음악 및 천문학의 전 영역에 걸쳐 조예가 있었다. 그는 성격이 조화로워 많은 사람에게서 존경을 받았으며 개인적인 영향력이 있었고 수많은 교과서와 책을 편집했고, 제자들과 교제가 넓어 독일 최고의 학자로 군림하였다. 또한 독일 학교에서 채택한 교육 시스템에 조화로운 교육 모델을 제시하는 선구자 역할을 했다. 인본주의와 개신교를 조화롭게 발전시키려는 멜란히톤의 실제적인 노력은 당시 독일 정신을 구현시키는 발판을 마련했다.

## 2.6 하인리히 벌린져

하인리히 벌린져(Heinrich Bullinger: 1504-1575)는 스위스의 개혁 신학자로 쯔윙글리의 후계자이기도 하다. 루터나 칼빈에 비하여 논쟁이 적었으며 개혁에 대한 그의 업적은 최근까지 알려지지 않고 있었다. 지금까지 발간된 종교 개혁에 관한 서적들이 그의 일을 기술하지 않는 것을 보아도 그가 얼마나 개혁에 있어서 인정을 받지 못 했는가를 알 수 있다. 그러나 12,000 여에 달하는 그가 주고받은 편지로 인하여 그의 업적이 새롭게 인정되고 재평가를 받고 있다.

그의 부친은 참사회의 의장이었는데 주교가 매년 정기적으로 돈을 받고 결혼 생활을 묵인해 주었다.[73] 그리하여 그는 아홉 형재중 5번째로 태어났다. 벌린져의 부모는 그가 15세 때에 그를 사제로 만들기 위하여 콜론 대학(University of Cologne) 에서 공부하게 했다. 이 때는 루터의 논제가 널리 알려지고 있는 무렵이었는데, 그는 루터, 토마스 아퀴나스, 에라스므스 등의 글을

73) 당시 결혼하여 가정을 이루어 생활하는 성직자가 상급 성직자에게 돈을 주면 돈을 받은 성직자는 돈을 준 성직자의 성 생활을 묵인해 주었다. 따라서 가정을 이루게 되는데 이때 상급 성직자에게 매년 세금처럼 주는 돈을 Cradle Tax (유아세(稅))라고 불렀다.

읽고 루터가 교황의 주장보다 더 성서적이라는 것을 깨달아 1522 년에 루터 주의자가 되었으며 문학석사 학위를 받았다. 1523 년 그는 카펠 수도원(Cloister School of Kaper)에서 사역을 수락하였으며 그곳의 수도사들을 위한 체계적인 성경 읽기 및 주석 프로그램을 시작했다.

이 동안에 그는 쯔윙글리에 접하게 되었고 취리히에서 고전도 공부했다. 그리하여 취리히 개혁 교회의 사역자로 안수를 받게 되었고 취리히 교회의 목사직을 맡았다. 그는 곧 다른 취리히 목사들에 대한 감독을 맡았다. 그는 수녀였던 아나와 결혼을 하여 아들 여섯과 딸 다섯을 두었는데 아들은 모두 개혁교회 목사가 되었다. 그들의 결혼 생활은 행복했고 타의 모범이 되었다. 그의 집은 항상 난민, 동료 및 박해를 받는데 대한 조언을 구하는 사람들로 가득했다. 쯔윙글리의 후계자인 벌린져는 쯔윙글리, 칼빈 및 교회 교부들의 가르침을 기반으로 성례 교리를 개발하여 시행했다. 그는 각 사람이 자신의 양심에 따라 성례에 참여하고 그 빈도를 스스로 결정해야 한다고 주장했으며 고회 성사에 대하여는 개인적으로나 공적으로 하나님께 죄를 고백하는 것으로 충분하다고 했다.

1529년에 신부인 벌린져의 아버지는 자신이 몇 년 동안 거짓 교리를 전파했다고 공언하며 개신교로 개종하고 브렘가르텐(Bremgarten)에서의 사제직을 사퇴했다. 결과적으로, 브렘가르텐의 회중은 여러 후보들을 초청하여 설교를 듣던 중 벌린져의 설교를 듣고 자발적으로 즉시 교회에서 성화들을 버리고 불태웠으며 벌린져는 브렘가르텐의 사제직을 맡게 되었다. 그는 27세의 나이에 취리히 교회의 대변인으로 쯔윙글리의 후계자로 선출되었다.

그는 그레이트 민스터에서 사제로 임명되었다. 그의 설교는 능력이 있었고 고무적이었다. 그는 근본적 문제에 있어서 칼빈과 우호적인 관계를 발전시켰다. 그의 설교, 교리, 개인적 관계, 연합 및 사역을 통해 그는 초기 개혁 교회의 성장과 발전에 없어서는 안될 중요한 역할을 했다. 칼빈과 긴밀히 협력하여 프로테스탄트 교회의 교리에 합의하도록 노력했다. 벌린져는 쯔윙글리가 1531년 카펠 전투에서 사망한 후 그를 계승하여 1575년 자신이 사망할 때 까지 봉사했다. 쯔윙글리가 사망한 후 스위스의 종교 개혁은 불안정해 보였지만 그럼에도 불구하고 벌린져의 대담한 자질과 수고로 개혁 운동은 계속되었다.

## 2.7 존 칼빈

존 칼빈(John Calvin:1509-1564)은 프랑스 북부의 조용한 도시인 노용(Noyon)에서 태어났다. 칼빈의 아버지 제랄드 코빈(Gerald Cauvin)은 그의 깊은 믿음과 신뢰할 수 있는 성격으로 인하여 지역 교회에서 공증인이 되었으며 노용 성당 감독의 비서로 봉사했다. 어머니는 칼빈이 3 살 때 사망하여 칼빈은 어머니를 모른다.

칼빈은 12세 때 아버지의 영향력으로 교회법에 반(反)하면서 대성당의 성직자로 임명되어, 그에 대한 보상을 받았다. 14 세에 파리 대학에 등록하여 18 세에 석사 학위를 받았으며 다음해에 아버지의 요구에 응하여 법을 공부하기 위해 올리언스(Orleans)로 갔는데 열심히 공부하여 법학에서 떠오르는 학자로 인정받았다. 칼빈은 1532년에 공식적으로 법적 면허를 취득하였다. 그러나 그 시절 칼빈의 진정한 관심은 법이 아니라 언어, 문학, 고전 문화에 대한 것이었다. 그는 올린즈 대학에서 법학 박사 학위를 취득하고 감독관으로 임명되었다.

법과 대학을 졸업할 무렵인1531 년, 그의 아버지가 돌아가신 후 칼빈은 그의 주요 관심사인 고전 문학을 자유롭게 연구했다. 1532년에 그의 첫번째 논평인 세네카(Seneca)에 대한 책을 출판했으며 그는 파리에 머무르는 동안 개신교로 개종했는데 1533년 또는 1534년 경이었을 것으로 추정된다. 그 결과 그는 안전을 위해 스스로 프랑스를 떠나야 했다. 그 무렵 이단으로 인해 가끔 화형을 당하는 일이 있었는데 가장 유명한 희생자는 요한 후스(Jan Huss)이다.

칼빈은 스위스의 바젤에서 피난 생활을 하던 1536 년, 『기독교 강요』를 출판했다. 이 책은 520페이지가 되는 주머니 크기의 책이었다. 이 책의 서두에서 칼빈은 기소로 부터 면제받기 위해 프란시스(Francis) 왕에게 경의를 표하고 사과했으며, "배고픔과 목마름에 대한" 수많은 불란서 사람들에게 기독교를 가르치기 위하여 이 책을 썼다고 했다. 그 후 그는 스트라스부르그(Strasbourg)에서 조용히 학자 생활을 하기를 원하여 그곳을 향하여 떠났다. 스트라스부르그로 가는 길은 프랑스의 프란시스 I세와 독일의 찰스 V세 사이의 싸움으로 인하여 파리에서 우회로를 택하여 제네바를 경유하여야 했다. 그 무렵 제네바는 막 개혁을 겪었다. 로마 카톨릭 교회는 폐지되었고 로마 교회의 통치는 거부되었지만 새로운 교회는 아직 조직되어 있지 않았었다.

제네바는 종교적으로나 정치적으로 불안정한 상황에서 시(市) 의회에 의해 통치되고 있었으며 혁명적인 변화를 겪고 있었던 것이었다.

당시 제네바에서 가장 활동적인 개혁자는 프랑스의 열렬한 설교자 윌리엄 파렐(Farel)이었다. 그는 칼빈이 제네바에 도착했다는 소식을 듣고 칼빈에게 가서 종교 개혁에 동참하기를 강력히 권했다. 칼빈은 그렇게 하고 싶지 않아 처음에는 거절했지만, 거절하면 하나님의 진노가 있을 것이라는 파렐의 경고에 겁이 나서 마지못해 제네바에 머물기로 했다.

칼빈의 제네바 사역

칼빈은 이런 사연으로 1536년 8월 초에 제네바에 하룻밤 체류하려던 것이 계기가 되어 25년 간 제네바에서 본격적으로 종교 개혁자의 길로 접어들게 되었다. 그는 제네바에서 1534년부터 제네바의 종교개혁을 시도하고 있던 파렐의 강력한 권유로 종교 개혁에 참여하게 된 것이다. 1537년 칼빈은 제1차 『제네바 교리문답』을 편집하여 시민들을 대상으로 엄격한 교회의 권징을 시행하였다. 그래서 주일날 베푸는 성만찬에는 거룩한 생활을 하였다는 것을 증명할 수 있는 성도들만이 참여할 수 있도록 하였다. 심지어 칼빈은 개혁적 신앙고백에 참여하지 않는 시민은 누구든지 도시에서 추방해야 한다고 주장하기도 하였다. 칼빈은 실제적으로 성도들의 삶이 변화될 수 있는 많은 조치들을 취하였다. 금리를 시행함에 있어서도 칼빈은 시 의회와 협력했다. 그래서 그는 오늘날 까지 제네바에서 신정 정치를 했다는 비평

비평을 받기도 한다.

1538 년 부활절에 칼빈과 파렐은 성찬 문제로 시의회와 갈등을 일으켜 제네바를 떠나야 했다. 파렐은 뇌샤텔(Nauchetel)로 가서 활동을 재개하였고 칼빈은 스트라스부르그로 가서 프랑스 이민자 교회의 목사직을 담당하였으며 이듬해 그는 스트라스부르그의 시민이 되었다. "프랑스 난민 교회"는 예배에서 노래를 부르는 것으로 유명했다. 칼빈은 음악책을 편찬하여 1539년에 출판했으며 그는 공적 예배에서 찬양하는 것을 기도와 동일시했다. 그는 그곳에서 마르틴 부써의 도움을 받아 친구가 되었고 신학연구에 몰두하였다. 1539년『기독교 강요』 2판과『로마서 강해』를 출판하였으며 1541 년에는 『주의 만찬에 대한 안내서』를 저술하여 루터의 동의를 얻기도 하였다. 그는 스트라스부르그에서 주목할 만한 책을 많이 썼다. 로마서에 대한 그의 주석은 1539년에 출판되었다. 칼빈의 만찬에 대한 성체 교리는 그리스도가 우리를 영생으로 새롭게 하는 하늘의 빵과 포도주라는 것이다. 그는 빵과 포도주를 신자들을 위한 그리스도의 희생의 표징과 증거로 간주해야 한다고 했다.

로마 교황청의 추기경인 사도레토(Jacopo Sadoleto)는 칼빈이 없는 제네바 개혁자들에게 편지하여 카톨릭으로 돌아오라고 권했다. 칼빈은 제네바 지도부의 요청으로 사도레토 추기경의 도전을 받아 들여 그에게 답장을 쓰면서 로마 교회 지도자들이 성경에는 거의 신경 쓰지 않고 이상한 교리와 어리석음으로 사람들을 현혹한다고 주장했다. 구원의 확신은 오직 예수 그리스도 안에서 우리에게 보여진 하나님의 자비 안에서만 발견된다고 주장했다. 칼빈이 없는 제네바의 종교개혁은 지지부진 하였으며, 심지어 제네바를 다시 로마 교회로 회귀시켜야 한다는 요구가 등장하기 시작하였다. 그러자 위기감을 느낀 제네바의 개신교 목사들은 칼빈을 제네바로 다시 불러 들였다. 그는 처음에는 거절했지만 1541 년 제네바로 돌아갔다. 칼빈은 스트라스부르그에 3 년 반 동안 머물렀다. 1540년 두 자녀를 가진 미망인 아이들레 뷰레(Idelette de Bure)와 결혼하여 1542 년에 그들의 첫 아들이 태어났지만 유아기에 사망했고 그의 부인은 1549년에 별세했다.

그가 제네바로 돌아 왔을 때, 칼빈은 너무 바빠서 거의 혼란스러울 정도였다. 그의 연봉과 대우는 매우 관대했고 칼빈은 그 모든 관대함에 감사했다. 그는 이전의 반대파들에게 온건하고 너그럽게 대하였으며 교회에 대한 교인들의 인식을 새롭게 하고 바르게 훈련시켰다. 새로운 기독교 공동체를 개척한 것이다. 당시 상황은 항상 긴장되어 있었고 어려웠다. 그는 제네바에 도착한지 두 달 만에 "제네바 교회의 교회 법령"으로 알려진 『전체 교회정치에 관한 교리서』를 작성했다. 그것은 개혁 교회 정치의 기본 원리와 구조를 포함하는 역사적 문서였다.

1541년 11월 칼빈의 주도적인 노력으로 이 교회 규례가 시의회를 통과하게 되었다. 이 규례는『기독교 강요』다음으로 제네바 교회에서 중요한 역할을 하였다. 이 규례에 따르면 교회 직제는 목사, 교사, 장로, 집사로 구분된다. 장로는 일주일에 한 번 목사들과 함께 '콘시스토아'(consistoire)에 참여하여 공동체의 질서를 관리하였다. 콘시스토아와 함께 시의회는 규례를 어기는 시민들을 통제하였다. 새로운 교회의 규례는 시민의 도덕적인 생활에도 관여하여 분쟁이나 비방, 금전사기나 절도, 화려한 복장이나 사치를 규제하였으며 1541 년부터 1545 년까지 매우 성공적으로 시행되었다. 칼빈과 시의회는 일종의 신정정치를 제네바에 정착시키는데 협조하였다. 그러나 이러한 통치는 법적으로 매우 엄격하여 때로 복음이 주는 자유와 창의성을 배제하고 억압하는 측면이 있었다. 칼빈은 시의회에서 단지 신학적인 측면뿐만 아니라 법률적인 측면에서도 조언자 역할을 하였다.

칼빈은 여러 신학논쟁에도 참여하였다. 칼빈과 그의 반대파들 사이에는 세르베투스(Servetus)가 화형을 당하는 것에서 예로 볼 수 있듯이 투쟁이 있었다. 그 가운데 유명한 것이 카스텔리오와 세르베투스와 벌인 논쟁이다. 교장 출신인 카스텔리오는 구약의 아가서(雅歌書)는 단지 세속적인 사랑의 시에 불과하다고 주장하였다. 또한 사도신경에 나오는 그리스도의 지옥행에 대한 표현도 문자적으로 이해하지 말고 인간 대표로 하나님의 심판대에 오르신 그리스도가 겪어야 했던 지옥의 고초로 이해해야 한다고 주장하였다. 칼빈은 카스텔리오가 하나님의 말씀을 모독하고 있다고 여기고 그가 목사직을 받지 못하도록 하였다. 결국 그는 1544 년 제네바를 떠나야만 했다.

1552년 반(反) 삼위 일체론자인 세르베투스가 제네바에 왔을 때, 교리 논쟁은 그 절정에 달했다. 스페인 출신의 의사인 세르베투스는 이미 빈의 이단심문소에서 이단으로 고발되어 있었다. 그는 제네바를 지나 이탈리아로 도망하는 도중에 시 당국에 발각되어 체포된 것이다. 당시 반 삼위일체론을 주장하는 사람은 이단으로 처형되는 것이 예사였다. 세르베투스는 1551년에 『삼위일체론의 오류에 관하여』라는 책을, 1553년에는 『기독교 재건』이라는 책을 썼다. 제네바 시의회는 바젤을 제외한 모든 다른 스위스 개신교 지역들과 협의하여 세르베투스에게 사형을 선고하였고, 결국 그는 화형에 처해졌다. 칼빈은 『정통 신앙의 수호』란 글을 통해 세르베투스 처형의 정당성을 주장하였다. 이 재판의 결과로 제네바에서 칼빈의 지위는 강화되었으며 1554년 부활절 시의회 선거에서 칼빈파가 득세하게 되었다.

칼빈의 신학중 이해하기 힘든 다른 하나는 예정론이다. 예정론이 칼빈이 가르치는 신학의 중심이라고는 말하기 힘들지만 이 교리는 칼빈 신학의 기본을 이룬다. 칼빈은 예정론의 교리를 『기독교 강요』 제 3권에서 기도 다음에 다룬다. 여기서 칼빈은 예정은 하나님의 기뻐하신 뜻에 따른 영원한 작정이며 "모든 구원의 원천"이라고 말한다. 예정을 다른 사람에게 설명하기는 아주 힘들다. 칼빈은 어거스틴의 말을 인용하여 "우리는 누가 선택되지 않았는지 모르기 때문에 모든 사람이 선택되었기를 바라야 한다"고 조심스럽게 말해야 한다. 선택받은 사람에게는 구원과 멸망이 만세 전 부터 예정되었다는 것인데 자비로우신 하나님이 어떻게 천진난만한 갓 태어난 유아를 멸망케 예정을 하셨을가 하는 것은 설명하기 힘들다.

1541년부터 칼빈이 참석한 가운데 제네바는 이웃과 비교적 평화롭게 지내면서 내부적으로 많은 변화를 겪었다. 존 낙스(John Knox)가 그곳에 와서 1558년에 시민이 되었다. 그는 "제네바 학교는 사도 이후 가장 완벽한 그리스도의 학교였다"고 제네바 학교를 평했다. 칼빈이 그곳에 있는 동안 제네바의 인구는 두 배가되었다. 제네바는 여성들에게 관대하여 "여성의 천국"이라고 불렸다. 신정(神政) 주의(Theocracy)라는 단어는 칼빈 시대의 제네바를 묘사하는 단어가 되기도 했다. 시 정부는 시민들의 삶에서 아주 사소한 상황에 까지 간섭했고 칼빈은 거의 모든 상황을 통제했다. 징계는 매우 억압적이고 가혹했다.

칼빈은 라틴어, 그리스어, 히브리어에 능통했다. 강단에서 설교할 때는 원고없이 그리스어와 히브리어 성경만으로 설교했다. 그는 가부장적 신학에 능통했을 뿐만 아니라 고대 그리스와 로마 문학에도 능숙했으며 수사적 표현에도 뛰어났다. 그는 평생 하나님의 영광을 위해 목회하고, 설교하고, 글을 쓰고 살았다. 그의 슬로건은 다음과 같다.

> 주님, 나는 당신에게 내 마음을 바칩니다.
> 신속하고 성실하게!

하나님만을 높이고자 하는 칼빈의 소망은 임종시에도 분명했다. 그는 사람들이 그를 위해 묘비를 세우고 그것이 순례지가 되는것을 원하지 않아 아무도 모르는 묘지에 매장하라고 유언을 남겼다. 그것은 "하나님께만 영광"—Soli Deo Gloria—을 돌리려는 칼빈의 마지막 유언이었다. 그래서 오늘날까지 아무도 그의 무덤이 어디에 있는지 모른다.

제네바의 유니버시티 파크(University Park)에는 칼빈과 그와 같이 개혁에 참여한 개혁자들의 모습이 "개혁의 벽"(Reformation Wall)에 새겨져 있다. 이 개혁의 벽은 칼빈이 설립한 제네바 대학교(University of Geneva)의 창립 350주년을 기념하여 1909년에 세워졌으며 칼빈의 400회 생일을 기념하기도 했다. 스위스 제네바 대학교의 터 위에 길이 100미터로 되어 있으며 가운데에 5미터 높이의 윌리암 화렐(William Farel), 죤 칼빈(John Calvin), 데어도어 베자(Theodore Beza), 및 죤 낙스(John Knox)의 조형물이 있으며 그 양쪽에 개혁에 참여한 신학자들의 모습이 있다.(표지 참조) 이 보다도 더 한것은 "살아있는 기념물"이다. 전 세계에 칼빈주의를 신봉하는 개신교도가 5천만이 되며 80여 개국에 살아 있어서 그의 업적을 증언한다.

제네바 크리스찬 아카데미

칼빈은 "성경으로 돌아 가자"는 정신위에 1559년 제네바 크리스찬 아카데미(Geneva Christian Academy)를 창설하였다. 제네바 크리스찬 아카데미는 성서에 기반을 둔 교육을 목적으로 하는 교육 기관이다. 그는 "이 학교가 하나님의 진정한 말씀의 토대 위에 굳게서서 경건과 학문이 함께 공존하는 대학이 되게 해달라"는 기도로 이 학교를 시작하였다. 그의 희망대로 유럽 각국에서 개혁의 의지를 품은 젊은이들이 모여들어 설립 첫해에 161명이 지원하였는데 10년 후에는 1600여명의 학생들이 있었다고 한다. 기존하는 학교를 제네바 아카데미로 개편하였으며 1563년에는 새 건물이 지어졌고 대학이 설립되었다.

상급 학교의 주목적은 사역자들을 위한 교육이었는데 법과 의학을 가르치고 2차 관심사로 사역 훈련이 있었다. 이 학교는 제네바 뿐 만 아니라 유럽의 미래에도 영향을 미쳤다. 이 학교의 졸업생들은 유럽 전역에서 개혁을 이끌었다. 여기서 기독교 신앙으로 배운 인재들이 자기 나라로 들아가서 교회의 개혁은 물론 일반 교육과 정치에도 많은 공헌을 하게 되었던 것이다. 여기서 공부한 학생들의 일부는 화란과 독일로 돌아가 그곳에서 교회의 개혁에 공헌하였으며 다른 일부는 영국과 스코트랜드로 가서 교회의 개혁을 주도하여 영국 청교도의 시초가 되기도 했다.

이들 가운데 보거맨(Johannes Bogerman)은 그 유명한 돌트 총회(Synod of Dort) 의 의장이 되어 칼빈 주의 5대 요점인 돌트 교리(Canons of Dort)를 제정하였으며 울시누스(Ursinus) 는 하이델버그 교리 문답(Heidelberg Catechism)을 작성했고. 죤 낙스(John Knox)는 스코트랜드로 돌아가 기독교를 극렬하게 핍박하던 매리 여왕에 대항하여 피눈물 나는 기도를 통하여 스코트랜드 장로교의 창시자가 되있다. 실로 제네바 아카데미는 신학과 종교 교육의 센터로서는 물론 유럽 전 지역의 교육과 정치 그리고 과학과 예술 방면에도 지대한 영향을 끼치게 되었던 것이다. 미국을 창건한 청교도의 정신의 기원을 제네바 아카데미에서 그 기원을 찾을 수 있는데, 이들의 정신이 한국에 선교와 교육을 시작한 언더우드의 정신으로 나타났으며 한국 교회와 교육의 기초가 되었다는 것은 역사가 입증한다.

칼빈이 제네바에 오기 전 그 도시는 무정부 상태였고 유럽에서 가장 타락한 도시였으나 그가 와서 개혁주의 사상으로 교육하여 가장 이상적인 사회가 되었으며 교육은 물론 사회의 많은 영역에서 발전과 개혁에 공헌하여 현대 사회를 이룩하게 되었다.

칼빈이 제네바로 온 후 제네바의 인구는 두 배가 되었으며 그의 여성 옹호 정책은 제네바에 “여성의 천국”이라는 별명이 붙게 하였다.

칼빈을 현대 인간의 어떤 그룹으로도 지칭하는 것은 마땅하지가 않다. 그를 신학자가 된 변호사라고 말하기가 썩 마땅치 않다. 성경은 그의 안내자이자 권위자였으며 무기고였다. 하나님은 그를 성경을 통해 가르치고 배우도록 만드셨다. 칼빈의 주요 교리는『기독교 강요』에서 잘 나타난다. 그는 하나님과 우리 자신에 대한 지식으로『기독교 강요』를 시작한다. 하나님은 자신을 두 가지— 창조와 성경— 로 사람에게 알리신다. 이 개념은 어거스틴의 개념과 유사하다.

WCRC(World Communion of Reformed Churches)는 세계에서 가장 큰 개혁 교회 연합이다. 110 개국에 233 개의 교단이 있으며, 합하여 1 억 명의 신자를 이루고 있고, 로마 카톨릭 교회와 동방 정교회 다음으로 세계에서 세 번째로 큰 기독교 교단이다. 이 에큐메니칼 기독교 단체는 2010년 6월 세계 개혁 교회 연합(WARC)과 개혁 에큐메니칼 위원회(REC)의 연합에 의해 구성되었다.

## 2.8 존 낙스

존 낙스(John Knox: 1514- 1572)는 스코트랜드 개혁자이자 신학자이며 스코트랜드 장로교회의 창시자이다. 스코트랜드의 해딘톤(Hadddinton)에서 태어난 그는 세인트 앤드류 대학교에서 교육을 받았으며 이무렵 독일의 루터에게서 영향을 받고 돌아온 하밀톤(Partick Hamilton)이 개혁 사상을 가르치다가 스코트랜드의 첫 순교자로서 화형을 당했다. 따라서 낙스도 그의 영향을 받았을 것으로 사료된다.

스코트랜드의 왕이 어린 딸 하나를 두고 갑자기 죽자 심한 권력다툼이 있었는데 드디어 아란(Arran)이 섭정을 하게 되었고 그는 영어 성경을 소지하는 것을 허락하는 법을 제정하였다. 이때 해외로 도피했던 개혁자들이 돌아 오면서 원래 학교 선생이었던 죠지 위샬트(George Wishart)도 독일에서 돌아와 개혁을 가르쳤다.  그는 열렬한 설교자였으며 어디를 가든지 많은 군중이 모여 들었다. 낙스는 그의 영향을 받아 스코트랜드의 개혁에 동참하게 되었고 그후 그의 호위 무사가 되었다. 위샬트가 체포되어 이단으로 정죄를 받고 화형에 처해졌을 때 낙스도 같이 순교당하려 했으나 위샬트의 만류로 몸을 피하여 위험을 면했다. 위샬트의 순교는 군중들을 격분케 했으며 얼마 후 자객이 위샬트를 처형한 데이비드 비튼(David Beaton) 추기경을 살해하고 앤드류 성에 피신하였을 때 백여 명의 군중이 아란의 어린 아들을 인질로 하며 성에 진을 치고 로마 카톨릭 세력과 대치하게 되었다. 성의 군중은 낙스를 설교자로 선출하여 낙스는 주일에 설교를 하였다. 그러나 매리 여왕은 은밀히 불란서 함대로 하여금 성을 공격하게 하여 군중은 마침내 투항을 하였고 낙스도 체포되어 2년 가까이 열악한 환경에서 불란서 해군의 감옥 살이를 하다가 영국으로 탈출하였다.

영국에서 도피 생활을 하는 동안 낙스는 영국 교회에서 일할 수 있는 사제 면허를 받았으며, 영국 왕 에드워드 6세의 왕실 목사로 사역을 하였다. 영국에서, 그는 첫 번째 아내인 마저리(Margery Bowes)를 만나 결혼했다. 에드워드 6세의 뒤를 이어 마리아 1 세가 왕좌에 올라 다시 로마 카톨릭으로 전환했을 때 낙스는 자신의 직위를 사임하고 영국을 떠나야 했다. 낙스는 제네바로 가서 존 칼빈을 만났으며, 그곳에서 개혁 신학과 장로교 정치에 대한 경험과 지식을 얻었다. 그는 제네바를 떠나 독일에서 프랑크푸르트의 영국 난민 교회를 이끌었지만 성례에 관한 신앙적 차이로 인하여 교회를 떠나야 했다. 그는 결국 스코트랜드로 돌아와 스코트틀랜드의 개혁된 교회를 섬기게 되었으며 칼빈의 제도를 모방하여 장로교 형태의 교회 질서를 구축했다.

스코트랜드로 돌아온 낙스는 개신교 귀족과 협력하여 스코트랜드에서 개신교 개혁을 이끌었다. 기스 매리(Guise Mary)가 스코트랜드의 여왕이라는 이름으로 어린 딸 마리아의 섭정을 할 때 낙스는 매리의 축출을 주장하였기 때문에 혁명으로 보일 수도 있었다. 낙스는 커크(Kirk)라고 불리운 새로 창조된 개혁 교회 조직에서 주도적 역활을 하며 신앙 고백서와 교회 질서를 형성하는데 도움을 주었다. 그는 마리아의 통치 기간 동안 개신교의 종교 지도자로 계속 사역하여 스코트랜드의 장로교를 창설하게 되었다.

### 2.9 테오도어 베자

테오도어 베자(Theodore Beza: 1519-1605) 는 불란서인으로 작가, 번역가, 교육자, 신학자로서 제네바를 중심으로 칼빈을 도와 종교 개혁에 헌신했으며 후에 그를 계승했다. 불란서의 페즐리 (Vezeley)에서 태어난 그는 불란서의 개혁 신학자로 종교 개혁에서 중요한 역할을 했다. 그의 아버지 피에르 드 베자는 베즐리의 통치자로 부르고뉴(Burgundian) 귀족의 후손이다. 그의 어머니 마리에는 관대하기로 유명했다. 베자의 아버지에게는 두 형제가 있었는데 파리의 국회의원인 니콜라스와 수도원의 대 수도원장인 클라우드이다.

베자는 아버지의 소원에 따라 법을 공부하기 위해 오를레앙(Orlean)으로 갔으며 그곳에서 4년을 보냈다(1535 - 39). 그러나 법을 공부하는 것은 그에게 매력이 별로 없었으며 고전에 대한 독서를 더 즐겼다. 그는 1539년 석사 학위를 받고 변호사가 되어 아버지가 원하는 대로 파리로 가서 개업을 했다. 베자는 파리에서 2 년을 보내면서 문학계에서 유명한 위치를 차지했다. 1548 년에 그는 그를 유명하게 만든 라틴 시집(Juvenilia)을 출판했으며, 당시 라틴어 시(詩)의 최고 작가 중 한 명으로 널리 알려지게 되었다. 그의 책이 출판 되자마자 그는 심각한 질병을 앓고 나서 개신교로 개종했다.

베자는 1548년에 제네바로 가서 칼빈과 교제하며 스위스의 정치와 교육의 개혁에 깊이 관여했다. 1년 후 베자는 로잔(Lausanne) 에서 그리스 어 교수가 되었으며, 몇 년 동안 유럽 전역을 여행하면서 개신교의 대의를 변호하다가 1558년에 다시 제네바로 돌아갔다. 당시 제네바는 불란서에서 피난 오는 개 혁주의자들의 피난처였다. 그는 제네바에서 칼빈과 동역을 하여 교회를 안정시켰고 자연스럽게 칼빈의 후계자가 되었으며 대부분의 생애를 제네바에서 보냈다.

그는 1559년에 칼빈이 설립한 제네바 학교의 교장이 되었다. 제네바에 법률 학교도 세웠으며 카운슬러로서 또한 치안 판사와 목회자로서 명성을 쌓았다. 베자는 거의 40년 동안 제네바로 몰려드는 개혁주의 청년들에게 신학 강의를 하며 순수한 칼빈주의 정통을 가르쳤다. 제네바 대학의 지도자로서 칼빈의 교의에 대한 베자의 강의는 그곳에 공부하러 오는 많은 학생들을 교화하여 유럽 전역의 칼빈주의 확장에 많은 영향을 주었다. 베자는 생의 마지막 무렵에 칼빈주의를 가르치고 회의에 참석하며 유럽의 많은 개혁 주의자들과 서신 왕래를 하면서 조용히 지내다 86 세로 세상을 떠났다.

## 2.10 요한 웨슬리

웨슬리는 18세기 사람이다. 개혁자의 명단에 포함시키기에는 아쉬움이 있다. 그러나 그는 영국에서 감리교를 개척하였기에 개혁교회의 하나된 이해를 위하여 이에 포함하였다. 차라리 부록(附錄) 부분을 만들어 이에 포함시켰다면 이론이 적었을 수 있을 것이다. 하다 보니까 우연하게도 맨 마지막 부분이 되었다.

존 웨슬리(John Wesley: 1703-1791)는 1703년 영국의 링컨에서 북서쪽으로 37km 떨어진 엡워스(Epworth)에서 아버지 사무엘 웨슬리와 어머니 수잔나 웨슬리(Susanna Annesley)의 15번째 자녀로 태어났다. 사무엘 웨슬리는 옥스퍼드 대학교를 졸업했으며

1696년부터 엡워스의 교구 목사가 되었으며 시인이었다. 어머니 수잔나는 반대 목사(Dissenting Minister)[74]인 사무엘 앤슬리의 25 번째 자녀였다. 궁극적으로, 그녀는19 명의 자녀를 낳았으며, 그 중 9명이 유아기를 넘기고 성장했다. 그들은 청년 시절 영국 교회(Church of England)의 교인이었다.

당시 많은 가정의 관례를 따라 웨슬리의 부모는 자녀들을 조기부터 교육했다. 여아를 포함하여 각 어린이는 걸을 수 있을 때부터 즉시 읽는 것을 배웠다. 그들은 라틴어와 그리스어에 능숙해 졌으며 신약의 주요 부분을 마음에 익혀 배웠다. 아이들은 식사 외에는 간식을 할 수 없었고 매일 저녁 어머니와 함께 이야기하며 규칙적 생활에서 영적 훈련을 받았다. 1714년, 11세의 웨슬리는 런던의 기숙사 학교에서 합리적이고 규칙적인 생활을 하며 종교 생활의 훈련을 받았다. 웨슬리는 1726년 옥스퍼드 링컨 대학의 특별 회원으로 선출되었고 2년 후 성공회 사제가 되었다.

웨슬리가 5살이 던 1709년 2월 웨슬리의 집에 발생한 화재는 그에게 잊을 수 없는 인상을 남겼다. 밤 11시 집에 불이 났다. 계단이 타 오르고 지붕이 무너지면서 웨슬리는 고립된 상태가 되었는데 한 남자가 다른 남자의 어깨에 올라서서 창문을 통하여 그를 구출한 일이 있었다. 웨슬레는 나중에 이 사건을 묘사하기 위해 스가랴 3:2를 인용하여 "화재에서 뽑아 낸 브랜드"라는 문구를 사용했다. 이 어린 시절의 기억은 웨슬리 전설의 일

74) 영국의 반대목사는 17 세기와 18 세기에 영국 교회와 분리된 개신교 목사들을 말한다.

부가 되어 그의 특별한 운명과 작업에 반영되었다

요한 웨슬리는 영국 교회 내에서 감리교(Methodism)로 알려진 부흥 운동의 지도자였으며 신학자이며 전도자였다. 그의 형제가 시작하고 설립한 모임인 홀리 클럽(Holy Club)이라는 모임은 그의 공부와 더불어 독실한 그리스도인의 삶을 추구하게 했으며 오늘날까지 계속되어 독립적인 감리교 운동의 지배적인 역할을 했다. 조지아 식민지의 사바나에서 2년 동안을 사역한 후 웨슬리는 런던으로 돌아와 모라비아 기독교인들이 이끄는 종교 단체에 가입했다. 1738년 5월 24일 그는 자신의 "마음이 이상하게 따뜻해졌다"고 느끼며 복음적인 거듭남을 경험했다. 이후 그는 모라비아 사람들을 떠나 자신의 사역을 시작했다.

웨슬리 사역의 핵심은 야외에서 전파하는 것과 여행이었다. 영국과 아일랜드를 가로 질러 다니면서 그는 집중적으로 개인적인 책임, 제자도 및 종교 교육을 개발한 소규모 기독교 단체를 조직하고 돕는 일을 하였다. 이러한 일을 위하여 순회하며 그는 성직자가 아닌 복음주의 전도자들을 훈련시켰다. 웨슬리의 인도에 따라 감리교도들은 감옥 개혁과 노예제도 폐지를 포함하여 많은 사회 문제의 개혁자가 되었다.

웨슬리는 조직 신학자는 아니었지만 기독교의 예정론 교리에 반대하는 주장을 했다. 그는 이 생에서 그리스도인들에게 하나님의 사랑이 "마음에 최고"를 이루며 외적으로 거룩함을 주는 상태를 이룰 수 있다고 주장했다. 성찬에 확고히 근거를 둔 그의 복음주의는 은혜가 신자를 성화하고 변화시키는 경험을 통하여 사람들이 예수 그리스도를 개인적으로 받아들이도록 격려했다. 총체적으로 웨슬레 신학이라고 알려진 웨슬리의 가르침은 감리교 교회의 교리를 계속 뒷받침하고 있다.

전 세계에서 감리교회는 웨슬리의 신학적 전통을 계승하고 있다. 큰 교단으로는 미국 연합 감리 교회, 영국 감리 교회, 아프리카 감리 교회 등이 있어 웨슬리의 가르침을 이어 나가고 있다. 웨슬리 신학은 믿음으로 의롭게 되는 복음주의적 칭의의 교리를 강조한다. 2002년 웨슬리는 BBC에서 실시한 100대 영국인 여론 조사에서 50위에 올랐다. 수많은 학교, 대학, 병원 및 기타 기관들이 웨슬리의 이름을 따서 명명되었다. 코네티컷의 미들타운에 있는 웨슬리안 대학교는 최초로 미국에서 웨슬리의 이름을 따서 1831년에 명명된 미국 고등 교육 기관으로 미국에 있는 약 20 의 대학이 그의 이름을 따서 명명되었다.

웨슬리는 1791년 87세의 나이로 세상을 떠났다. 그의 마지막 순간에 친구들이 그 주위에 모여 들자 웨슬리는 손을 잡고 "안녕의 작별 인사"를 반복해서 했다. 그는 "가장 좋은 것은 하나님은 우리와 함께 계신다"라는 말을 되풀이하여 말했다. 그는 런던 시티 로드에 있는 예배당에 묻혀 있다. 그는 자선적인 성격으로 가난하게 죽었다.

# 제 7 장

⑦

⑦ 밤하늘의 우주
https://www.universetoday.com. 5/2/2021 검색

## 에필로그

"개혁"은 "새롭게 뜯어 고친다"는 뜻이라고 『민중(民衆)엣센스 국어사전』에 설명되어 있다. 영어의 reformation은 re와 formation으로 분리되는데 re는 다시라는 뜻이고 formation은 형성한다는 뜻이다. 다시 말해서, "개혁"은 다시 형성하는 것을 의미하며, Sola Scriptura, Sola Gratia, Sola Fide는 기독교 신앙의 원래 형태로서 원래의 형태를 다시 찾는 것을 의미한다. 개혁자들이 한 이 말들은 새로 만들어 낸 것이 아니라 성경을 바로 읽고 다시 찾아낸 것이다,

### 1 계속되는 개혁 과정

우리는 우리 신앙의 본질과 역사를 알아야 한다. 역사는 주어진 시간에 살았던 사람들의 이야기이다. 종교 개혁사는 종교 개혁 당시 살았던 개혁자들의 이야기이다. 종교 개혁의 역사적 맥락에서 왜곡을 피하고 그 이야기 전개의 공통점을 마련하며 선각자들의 공로를 기리기 위하여 필자는 이 졸작에서 개혁 이전의 많은 선지자들의 이야기를 포함시켰다.

런던 킹스 대학(King 's College London) 신학 센터의 주임이자 옥스포드(Oxford) 대학의 역사신학 교수였던 맥그래쓰(Alister

McGrath) 박사는 "칼빈[개혁]을 공부하는 것은 단순히 과거를 공부하는 것 뿐 만이 아니라 현재를 더 깊이 이해하는 것"이라고 말한다. 현대 세계 문화는 과거를 기반으로 계속 형성되고 있기 때문이다. 개혁의 역사는 종교 개혁의 세속사를 신성한 성령의 역사로 만드는 삶의 교사이다.

## 2 종교 개혁 신학

종교 개혁 신학은 다양한 방식— TULIP, 『기독교 강요』, 솔라 등— 으로 표현될 수 있다. 종교 개혁 시대의 표현을 살펴보면 개혁은 인류 역사상 가장 흥미로운 업적이다. 개혁 신학은 다음과 같이 요약될 수 있다.

- 하나님 말씀이 최고의 권위임을 회복,
- 평신도를 위한 성경 번역 및 배포,
- 이신칭의(以信稱義)만의 교리의 대중화,
- 만민사제설(萬民司祭說)의 선언, 및
- 모든 삶에 대한 그리스도의 주권 확인.

한마디로 종교 개혁은 "권위"—성경의 권위—에 관한 것이며, 잘못 인식된 교황권의 권위와 전통의 권위 등에 관한 것이다.

개혁의 역사를 논할 때 루터, 쯔윙글리, 칼빈을 빼 놓을 수 없다. 이들이 모두 그들 생의 초기에 라틴어를 공부하였다는 것은 주목할 만한 일이다. 또한 이들은 생명의 위협을 느끼며 개혁의 선두에서 일했다. 루터가 여러 번 생명의 위기를 넘길 수 있었던 것은 우선은 그의 지기였고, 후레드릭과 같은 보호자가 있었으며 새로 등장한 인쇄술로 인하여 개발된 민주적 여론의 힘이 있었기 때문이다. 그는 납치까지 당하면서 존 후스가 당한 것과 같은 위기를 여러 번 넘겼다. 물론 하나님의 보호하심이다. 쯔윙글리는 교황까지 이용한 스위스의 용병 제도를 그렇게 반대했지만 아이로니칼하게도 카펠 전투에서 젊은 나이로 전사했으며 그의 시체는 사분(四分)되어 불에 타서 스위스의 강가에서 바람에 날려졌다. 칼빈에게는 불란서에서 변장하고 탈출해야 하는 일이 있었지만 직접적으로 생명의 위협은 덜 당했다고 하겠다. 그러나 그의 무덤이 어디 있는지는—제네바의 어느 공동묘지에 지금도 있을 것이라는 상상외에는—아무도 모른다. 물론 그의 유언에 의하여 이지만, 이런 상황이니 그 장례식은 몹시 조용했을 것이라고 짐작된다. 그러나 이들의 신앙과 영향력은 그들이 창조하는데 생을 바친 현대 문화의 전망에 아직도 남아 있다.

개혁 신학이라고 해서 그들이 새로운 신학을 만들어 낸 것은 아니다. 단지 성경을 바로 읽었을 뿐이다. 교회는 항상 자체로 새로워지는 기능을 갖추고 있었다. 원래의 성경으로 돌아가자는 그들의 신학은 루레산스의 영향을 입었을 것으로 짐작된다. "시대가 영웅을 만드는가?"하는 구절은 이런 상황에도 적응이 되는 것이 아닐까? 그들의 전기(傳記)가 그리스도의 죽음, 부활, 승천을 새롭게—아니 원형대로—복귀시켰다. 본인은 이 책을 쓰면서 스스로 많이 공부했고 새로운 것을 깨달았다. 우선은 하나님께서 나에게 주신 은사를 깨달았으며 감사하게 했다. 자주 어머니께서 하시던 "인생은 늙어 죽을 때까지 배우는 것이다"는 말씀을 회상하면서이다.

## 3 우리는 지금 어디에 있는가?

종교 개혁은 유럽 역사에서 한 번 일어났다가 잊혀 질 사건이 아니다. 교회는 항상 새로운 사건과 결정에 직면하기 때문이다. 교회는 항상 개혁되고 있으며 더 많은 개혁이 필요하다. 오늘날 세상은 의(義)의 상태로 존재하지 않으며 여전히 죄에 빠져있다. 성경은 "그러므로 우리는 낙심하지 아니 하노니 겉 사람은 부패하나 우리의 속은 날로 새롭도다(고후 4:16)"고 증언한다. 우리의 내면은 날마다 새롭게 되고 있다. 우리는 항상 개혁되고 있다. 개혁은 여전히 진행형이다. 교회는 항상 새로워져야 한다.

신학자이자 전 네덜란드 총리였던 아브라함 카이퍼가 100년 전 프린스턴 신학교에서 강연을 했을 때, 당시의 자유주의 신학으로 인하여 프린스턴 신학교의 영적 영향력은 쇠약해지고 있었다. 그 후 2차에 걸친 세계 대전이 있었고, 그 후에는 영적 부흥이 뒤따랐다. 요즘 우리는 현대에서 볼 수 없었던 세계적 펜더믹을 겪고 있다. 우리는 이렇게 말했다.

뭉치면 살고
흩어지면 죽는다

이 표어는 우리에게 잘 알려진 표현이다. 하지만 요즘 말이 달라졌다.

모이면 위험하고
헤어져야 안전하다

이런 표어가 대중을 계몽, 선도하고 있는 이상한 세상이다. 우리 모두 떨어져 있기가 얼마나 힘든가 하는 것을 체험한다. "사회적 거리"라는 새로운 용어가 대두되었다. 펜데믹보다 "거리두기"가 더 힘들지 않을까? 팬데믹에서 우리는 무엇을 배울 수 있을까? 또 다른 부흥이 있을까? 이러한 독특한 상황을 통해 교회는 어떻게 개혁될 것인가?

삼위일체와 니케아 신조의 교리에 상당한 공헌을 한 그레고리(Gregory of Nyssa)는 말했다: "끝은 시작과 연결되어 있습니다." 그러기에 "언제 개혁이 끝났습니까? 아니면, 개혁이 끝날 것입니까?" 하는 질문을 하게 된다. 개혁은 여전히 진행 중이어야 하며 아직 완료되지는 않았다. 개혁은 계속되는 과정이다. 아마도 종교 개혁은 그리스도가 다시 오실 때까지 결코 끝나지 않을지도 모른다!

본 필자는 미국에서 공학 박사학위를 취득하는 것으로 시작하여 엔지니어로서 평생 경력을 쌓으며 살아왔다. 딱딱한 공부를 하였고, 타협을 모르는 것이 공학의 제 1법칙이다. 1972년 공부를 마치고 미국 동부의 여러 주에서 전문 기술사 자격 등 여러 가지 전문 자격증을 획득하며 일하다가 70세 후반에 들어 은퇴할 무렵 우연히 신학생을 모집한다는 신문 광고를 접했다. 그 신학교는 우리 집에서 두 불록 떨어진 거리에 있었다. 전화를 걸어 신학교 총장을 만나게 되었다.

총장 목사님은 애급에서 왕자로서의 교육을 받은 모세가 몸을 피하여 40년간 광야에서 목자 생활을 하며 80세가 되었을 때 하나님께서 부르셨다는 말씀을 하며 격려하여 주셨다. 꺽일 줄 모르는 성격으로 인하여 우여곡절을 겪으며 3년 걸리는 신학석사 과정을 4년에 맞추었다. 그런데도 더 신학에 대하여 공부하고 싶어 졌다. 당시 "교파"라는 것은 전혀 생각지도 못했다. 뉴버그(Newburgh) 신학교에서 신학박사 과정을 마치고 루터와 칼빈을 중심으로 한 중세 교회에 대한 학위논문을 쓰면서 그 글을 한국의 지성인들에게 읽히고 싶은 생각이 들어 한국어로 번역하기로 했다. 새벽에 잠이 깨어 글을 쓸 때 힘이 들어 서글픈 생각이 들기도 했다. 왜 그런지 몰랐다. 그저 눈물을 펑펑 쏟으며 여러 번 울었다.

이러한 해프닝은 나에게 신선한 자극을 주었다. 열심히 글을 썼다. 열심히 공부했다. 그걸 가지고 무엇을 하게 될지는 알지도 못하면서…

"내일 세계의 종말이 명백하다 하여도
오늘 나는 사과나무를 심겠다."

던 루터의 말을 가르쳐주던 황성수 목사를 생각하기도 했다. 한 때 자유당 시절 국회의 부의장까지 하다가 목사가 된 황목사는 내가 서울의 승동교회에서 고등부 학생 시절 우리의 지도 선생을 했다.

루터는 교황으로 부터 성직의 파문을 당하고 황제로 부터는 "살리던 죽이던 체포하라"는 포고령이 내려진 가운데 납치되어 발트버그(Wartburg) 성에 숨어 있으며 라틴어 성경을 독일어로 번역했다. 이처럼 루터는 내일 무슨 일이 있을지 모르는 상황에서 오늘 하루를 성실하고 그리고 애착을 가지고, 기도하면서 살았다고 한다. 루터의 독일어 성경 번역으로 인한 독일어 발전에 대한 공헌은 세익스피어의 영어 발전에 대한 공헌과 맞먹는다고 한다.

당시의 최고 관례대로 에르푸르트 법과대학에서 법학을 공부하던 루터가 스타던하임 외곽의 숲속에서 생명을 위태롭게 하는 폭풍우로 인한 죽음의 위협을 느끼며 수도사가 되기로 고백한지 16년이 지난 1521년 4월 18일, 그는 당시 세상에서 최고 권력자인 찰스 V세 황제 앞에 서야 했다. 자신의 운명과 목숨을 판가름하는 순간이었다. 당시 여론은 루터가 자기가 쓴 95개의 신학 논제를 비롯하여 그의 모든 글을 취소하든지 아니면 화형을 당할 것이라는 분위기였다.

그런데 루터는 외쳤다:
"Here I stand. Help me God! Amen."
(나, 여기 서 있습니다. 하나님 도와주소서! 아멘.)

루터가 1521년 당시, 세상의 최고 권력자인 찰스 V세 황제 앞에서 생명의 위협을 무릅쓰고 하나님께 드린 기도이다. 그리고 개혁이 시작되었다.

## 참고 문헌

### 참고 문헌 - 한국어

김봉환. 『칼빈주의 5대 교리』 (서울: 개혁주의 신행협회, 2009).

김의환. 『基督 教會史』 (서울: 총신대학교 출판부, 2012).

오덕교. 『장로 교회사』 (수원: 합신대학원 출판부, 2006).

오병학. 『존 칼빈』 (서울: 규장, 2012).

연세대학교 교육철학연구회. 『위대한 교육 사상가들』 (서울: 교육과학사, 2003).

이형기 옮김 • 요약. 『기독교 강요 요약』 (경기도: 크리스천 다이제스트, 2011).

임도건. 『종교개혁의 역사와 신학』 (서울: 기독교문서선교회, 1995).

CBS 종교개혁 500 주년 기획단. 『Reforrmation 500$^{th}$ Aniversary:교양 종교개혁 이야기』 (서울: 대한기독교서회, 2017).

### BIBLIOGRAPHY - English

Bainton, Robert H. Here I Stand: A Life of Martin Luther Peabody,(Peabody, MA: Hendrickson Classic Biography, 2017).

Baker, Robert A. & Landers, John M. A Summary of Christian History(Nashville, TN: Broadman & Holman olman 167 - 168

Publishers, 2005).

Barrett. Mathew. God's Word Alone: The Authority of Scripture(Grand Rapid, MI, 2016).

Barth, Karl, translated by Geoffrey W. Bromiley. The Theology of John Calvin (Grand Rapid, MI: William B. Eerdmans Publishing Company, 1995).

Bilke, Gerald M. "Calvin on the Word of God," in Calvin for Today, ed. by Beeke, Joel R.,(Grand Rapid, MI: Puritan Reformed Theoretical Seminary, 2009).

Boekestein, William. Ulrich Zwingli(Wyoming, MI: EP Books, 2015).

Calvin, John, translated by Henry Beveridge. Institute of the Christian Religion(Peabody, MA: Hendrickson Publication Marketing, 2012).

Cary, Phillip. Luther: Gospel, Law, and Reformation Part 1 of 2(Chantilly, VA: The Teaching Company, 2004).

Cary, Phillip. Luther: Gospel, Law, and Reformation Part 2 of 2(Chantilly, VA: The Teaching Company, 2004).

de Greef, Wulfert, translated by Bierma, Lyle D. The Writings of John Calvin: An Introductory Guide(Louisville, KY: Westminster John Knox Press, 2008). .

Dowley, Tim. Introduction to the History of Christianity(Minneapolis Press: Fortress Press, 2013).

Engelsma, David J. The Reformed Faith of John Calvin(Jenison, MI: Reformed Free Publishing Association, 2009).

Fearon, Mike. Martin Luther(Minneapolis, MN: Bethany House Publishers, 1986).

Fearon, Mike. translated by Kim Kyoung Yeol. Martin Luther(in Korean) (Seoul: KiDokSinMoonSa, 2004).

Fountain, David. John Wycliffe: the Dawn of the Reformation(Southampton, England: Mayflower Christian Books, 1984).

Frame, John M. A History of Western Philosophy and Theology(Phillipsburg, NJ: P & R Publishing Company, 2015).

George, Timothy. Theology of the Reformers(Nashville, TN: B & H Publishing, 2013).

Gonzales, Justol, L. The Story of Christianity Volume II: The Reformation to the Present Day(New York: HarperCollins Publication, 2010).

Gordon, Bruce. Calvin(New Heaven: Yale University Press, 2011).

Hammond, Rebecca. John Wycliffe: Man of Courage(Greenville, SC:

Ambassador, Intl., 2020).

Johnson, Luke Timothy. The History of Christianity: From the disciples to the Dawn of the Reformation Lecture 1 - 18(Chantilly, VA: The Teaching Company, 2012).

Johnson, Luke Timothy. The History of Christianity: From the Disciples to the Dawn of the Reformation Lectures 19 - 36(Chantilly, VA: The Teaching Company, 2012).

Kilcrease, Jack D and Lutzer, Erwin. Martin Luther in His own Words(Grand Rapid MI: Baker Books, 2017).

Kuyper, William. Lectures on Calvinism(Lexington, KY: ReadaClassic, 2018).

Luther, Martin. Martin Luther's Ninety-Five Theses and Selected Sermons(Radford, VA: A & D Publication, 2008).

McGrath, Alister E. Reformation Thought: Introduction(West Sussex, UK: John Wiley & Sons Ltd., 2012).

McNeill, John T. The History of Character of Calvinism(New York; Oxford University Press, 1966).

Meeter, H. Henry, revised by Paul A. Marshall. The Basic Ideas of Calvinism(Grand Rapid,MI: Baker Books, 1997).

Metaxas, Eric. Martin Luther(New York: Viking, 2017).

Mollette, Glen. American Issue(Newburgh, IN: Liberty Torch Press, 2013).

Palmer, Edwin, H. The Five Points of Calvin(Grand Rapid, MI.1972).

Schaff, David S. John Huss: His Life, Teaching and Death: After five Hundred Years(Middletown, DE: Pantiano Classics, 2020).

Sprout, R.C. Faith Alone: The Evangelical Doctrine of Justification(Grand Rapid, MI: Baker Books, 2017.)

Sproul, R. C. What Is Reformed Theology? Understanding the Basics(Grand Rapid, MI: Baker Books, 1997).

Trueman, Carl R. Grace Alone: Salvation as a Gift of God(Grand Rapid, Michigan: Zonderman, 2017), 17-18.

Wiker, Benjamin. The Reformation 500 Years later:12 Things You

Need to Know(Washington, DC: Regnery Publishing, 2017).

Wilkin, Robert Louis. The Spirit of Early Christian Thought(New Haven, CONN: Yale University Press, 2003).

Worthen, Molly. The History of Christianity II: From the disciples to the Dawn of the Reformation Lecture 1 -18(Chantilly, VA: The Teaching Company, 2017).

Worthen, Molly. The History of Christianity II: From the disciples to the Dawn of the Reformation Lecture 19 - 36(Chantilly, VA: The Teaching Company, 2017).

Zuidema, Jason. William Farel(Darlington, England: EP Books, 2014), 17-24.

DVD & PDF

Christian History Institute, distributed by Vision Video. This Changed Everything: 500 Years of Reformation(DVD)(Worchester, PA: Christian History Institute)

Curtis, Ken, distributed by Vision Video. "Program 4: Ulrich Zwingli and John Calvin" in Reformation Overview(DVD and PDF) (Worcester, PA: Christian History Institute, 1995).

Curtis, Ken, distributed by Vision Video. "Survival, Spread and Influence" in Discovering the Bible(DVD & PDF)(Worchester, PA: Christian History Institute, 1996).

George, Timothy, distributed by Vision Video. "The Reformation: Division and Renewal Between Medieval and Modern Times" in History of Christianity(DVD& PDF)(Worcester, PA: Christian History Institute, 2000).

Trinklein, Michael, J., etc., distributed by Vision Video, Inc. A Return to Grace: Luther's Life and Legacy(DVD)(Worchester, PA: MMX Boettcher Trinklein Television, Inc.).

# 개혁 | 신학과 역사

2021년 11월 11일 초판 인쇄
2021년 11월 11일 초판 발행
저 자 황 동 수
발행처 Hitech Engineering, P.C.
인쇄인 신 용 호
인쇄처 서울 서대문구가좌로 86 동천아카데미5층
창조문학사
등록번호 제1-263호
전화 02 - 374 - 9011 FAX 374-5217
이메일: hmpo@hanmail.net

공급처: 한국출판협동조합 전화 716-5616~9

ISBN 978-89-7734-7892
정가 15,000원